Friedrich Leo

Die Plautinischen Cantica

und die Hellenistische Lyrik

Friedrich Leo

Die Plautinischen Cantica
und die Hellenistische Lyrik

ISBN/EAN: 9783743376250

Hergestellt in Europa, USA, Kanada, Australien, Japan

Cover: Foto ©Andreas Hilbeck / pixelio.de

Manufactured and distributed by brebook publishing software
(www.brebook.com)

Friedrich Leo

Die Plautinischen Cantica

ABHANDLUNGEN
DER KÖNIGLICHEN GESELLSCHAFT DER WISSENSCHAFTEN ZU GÖTTINGEN.
PHILOLOGISCH-HISTORISCHE KLASSE.
NEUE FOLGE BAND 1. Nro. 7.

Die plautinischen Cantica

und

die hellenistische Lyrik.

Von

Friedrich Leo.

Berlin.
Weidmannsche Buchhandlung.
1897.

Die plautinischen Cantica und die hellenistische Lyrik.

Von

Friedrich Leo.

Vorgelegt in der Sitzung vom 6. Februar 1897.

Das Kapitel über die Metrik der Cantica, das ich meinen 'Plautinischen Forschungen' ursprünglich hatte beigeben wollen, ist damals zum Vortheil der Sache ungeschrieben geblieben. Denn der Standpunkt, von dem aus die Natur und Geschichte der plautinischen Lyrik betrachtet werden muss, ist seitdem durch das Auftauchen des Grenfellschen Liedes [1]) mit einem Schlage verschoben worden. In ihren Abhandlungen über dieses Lied haben sowohl Wilamowitz [2]) als Crusius [3]) mit Nachdruck darauf hingewiesen, dass es auch auf die Lyrik des römischen Dramas neues Licht werfen muss. In der That ist es eine dringende Aufgabe, die Consequenzen der neuen Kenntniss für die plautinische Verskunst zu ziehen und zu diesem Zwecke das ganze metrisch-litterarische Problem, das sich an diese knüpft, neu zu prüfen. Ich will mich dieser Pflicht um so weniger entziehen, als ich vor 12 Jahren [4]) den ersten Versuch gemacht habe, die plautinische Lyrik historisch zu erklären.

Seit Anfang 1885 hat sich auf diesem Gebiete viel geändert. Einmal durch neues Material, das uns Fach für Fach der hellenistischen Lyrik aufgeschlossen hat: noch 1885 erschien der jonische Päan des Isyllos [5]), von 1893 an die dol-

---

1) Grenfell An Alexandrian erotic fragment and other papyri, Oxford 1896; Nachträge dazu: Grenfell and Hunt New classical fragments, 1897, p. 209 sq. (s. u. Kap. II 1).
2) Nachr. d. Gött. Ges. 1896, 231.
3) Philol. 55, 364.
4) Rhein. Mus. 40, 161.
5) v. Wilamowitz Philol. Unters. IX.

1 *

phischen Hymnen: die glyconeischen des Philodamos und Aristonoos und die beiden päonischen, der eine mit glyconeischen Anhang[1]); endlich das Grenfell- sche Lied. Isyllos gehört in den Anfang des 3. Jahrhunderts, die delphischen Hymnen reichen etwa von Alexanders Anfang bis Mummius, das Grenfellsche Lied ist nach, aber vielleicht bald nach 173 v. Chr. aufgeschrieben worden (Plau- tus' Tod 184 v. Chr.). Sodann hat Wilamowitz in dem Buche über Isyllos die Metrik der jonischen, in den beiden Commentariola metrica[2]) die der jambischen Lieder aufgehellt und in seinen Commentaren zu Herakles Hippolytos Choephoren die Metrik des Dramas auf ein neues Fundament gestellt, so dass diese durch Westphal in Verwirrung gebrachte Disciplin endlich wieder in Bahnen einlenkt die aufs Ziel gerichtet sind.

Kein Wunder also, dass in meiner Ausgabe vieles anders erscheint als in jener Abhandlung. Dennoch würde ich ohne das Grenfellsche Lied von der Grundanschauung, zu der ich damals gelangt war, dass nämlich die plautinische Lyrik aus der alten Komödie herzuleiten sei, nicht abgewichen sein. Denn für diese Herleitung spricht vieles was erst jetzt eine andere und in sich natür- lichere Erklärung zulässt. Die delphischen Festgedichte geben zwar sehr wich- tige metrische Aufschlüsse, aber sie lehren mehr über den Zusammenhang mit der älteren hieratischen Poesie als über die ihnen gleichzeitige Kunstbewegung. In diese führt erst das Grenfellsche Lied hinein und zwar indem es den hand- greiflichen Beweis liefert, dass die griechische dramatische Lyrik der hellenisti- schen, der plautinischen Zeit sich in unmittelbarer Continuität mit der jüngeren euripideischen Lyrik befand; was vordem nur vermuthet werden konnte. Nun öffnet sich die Aussicht, die plautinische Technik an die gleichzeitige griechische anzuknüpfen; und das wäre auf die Frage nach ihrem Ursprunge ohne Zweifel die einfache und natürliche Antwort, die die Gewähr der Richtigkeit in sich trüge. Eine gewisse Aehnlichkeit der plautinischen Cantica mit dem Grenfell- schen Liede fällt ohne weiteres ins Auge; da aber das Lied für die Vergleichung des Einzelnen nur ein minimales Material bietet, ist der Weg gewiesen, die Verse und Lieder des Plautus mit den Euripideischen der letzten Periode und den verwandten zu vergleichen. Sollte sich hierbei ein ähnliches Resultat ergeben wie für das Grenfellsche Lied, so wäre die Sache erledigt. Wir werden sehen, dass auf eine so einfache Gleichung das Problem nicht zu bringen ist, dass aber in der gegebenen Richtungslinie auch andere Wege dazu führen, den Zusammen- hang der plautinischen mit der hellenistischen Kunst zu erweisen und auch die Momente, die vor allem für die Verbindung mit der alten Komödie zu sprechen schienen, in Einklang mit dem Ganzen zu bringen.

Untersucht werden müssen zuerst die Verse der Cantica, um festzustellen, welche Arten und Bildungen Plautus angewendet hat und wieweit diese mit der

---

1) Weil und Reinach Bull. de corr. hell. 17, 611; 18, 345; 19, 398. Crusius Die delphischen Hymnen, Philol. 53 Ergänzungsheft (1894).
2) v. Wilamowitz ind. schol. Gotting. 1895. 1895/96.

griechischen Technik seiner Zeit oder der für seine Zeit vorauszusetzenden über-
einstimmen. Die Möglichkeit freier, ja sehr freier Umbildung der griechischen
Formen ist dabei ja immer gegeben; aber Unformen im griechischen Sinne darf
man doch nur annehmen wenn der Zwang dazu vorliegt. Erst nach Erledigung
dieser Fragen wird es möglich sein die Gesichtspunkte zu gewinnen, die ein
Urtheil über die Composition der Lieder möglich machen und ihnen ihre litterarische Stellung anweisen. Ich kann mich bei diesen Erörterungen des Vor-
theils bedienen, meine Ausgabe des Textes vorauszusetzen, also über die emen-
datio (die selbstverständlich der metrischen Untersuchung vorausgehen muss)
nur da etwas zu bemerken wo die erneuerte Prüfung des Textes mich dazu
geführt hat, meine Anschauung in Punkten zu ändern die für das Metrum in
Betracht kommen [1]).

I.

Die Verse.

Ein Vers ist ein selbständiges Gebilde, mag er eine Einheit von Ursprung
oder aus cola zusammengewachsen sein, und kann seinen gesonderten Raum
beanspruchen; eine Forderung die nur für die stichisch ausgeprägten Formen
ohne weiteres leicht zu erfüllen ist. Im Liede die cola Stück für Stück abzu-
setzen, wie es die alexandrinischen Herausgeber, wahrscheinlich zuerst Aristophanes von Byzanz, gethan haben, empfiehlt sich nicht sonderlich, da es der
Verwechselung von Vers und Kolon immer wieder Vorschub leistet; auch sollte,
ausser bei äolischen Versen und einigen besonderen Gattungen, wie den Daktyloepitriten, in der Metrik gar nicht von cola (was ein musikalischer Begriff ist)
sondern, besonders bei den beliebig langen katalaktischen Versen (den Hermann-
schen 'Systemen'), von metra gesprochen werden. Wie viele solche cola oder
metra man in eine Zeile setzt ist metrisch ganz gleichgiltig; die längsten Verse
bis zur Fermate hintereinander zu schreiben macht aber wieder typographische
Schwierigkeiten. Man wird sich also den Umständen fügen; ich habe in meiner
Ausgabe cola im allgemeinen nur da abgesetzt wo die Ueberlieferung es deutlich indicirte, sonst durch Spatien oder Anmerkung die gegen die Ueberlieferung anzunehmende metrische Gliederung angedeutet.

Denn freilich sind die plautinischen Cantica mit einer Kolometrie überliefert, die im Ambrosianus genau durchgeführt und in den Palatini nur verdunkelt
ist. einer im Princip mit Heliodor übereinstimmenden, d. h. aristophanisch-alexan-

---

1) Es ist wohl gut wenn ich besonders bemerke, so selbstverständlich es ist, dass eine
Menge von Versen metrisch vieldeutig ist, plautinische Verse noch mehr als griechische wegen der
prosodischen Vieldeutigkeit der altlateinischen Dichtersprache und der vielfachen Möglichkeiten
des Hiatus. Mit den Erwägungen, die mich im einzelnen Falle zu meiner Auffassung bestimmt
haben, behellige ich den Leser hier natürlich nicht.

drinischen Kolometrie[1]). Ich habe ihre Bedeutung für die Bestimmung der Verse früher selbst überschätzt, als ich in der Textgeschichte noch nicht klar sah und das Verhältnis der ursprünglichen Texte zur Kolometrie der alexandrinischen Ausgaben noch nicht aufgeklärt war.

Vor allem erhebt sich die Frage, wie alt die Kolometrie ist. Die im wesentlichen vorliegende Uebereinstimmung von *A* und *P* führt auf Probus zurück[2]) und die Frage kann nur sein, ob in der durch seine Thätigkeit (wenn auch nicht durch ihn) entstandenen ersten Ausgabe des corpus der 'Varronianae' die cola zum ersten male oder ob sie nach Massgabe der ihm zu Gebote stehenden Texte abgetheilt worden sind; mit anderen Worten, ob schon in der ersten, zu Anfang der philologischen Studien in Rom veranstalteten Plautusausgabe die metrische Gliederung der Cantica eingeführt war. Dass dies in der That geschehen war, kann ich aus zwei Citaten Varros wahrscheinlich machen. Der Vers Men. 352 wird von Varro de l. l. 7, 12 angeführt wie er in *P* abgetheilt ist (*A* fehlt), *intus paru cura vide, quod opust fiat*, d. h. jambischer Dimeter mit anapästischem metron, das mit den folgenden Anapästen zusammenzufügen näher liegt als von ihnen zu sondern. Varro führt den Vers wegen des absolut gebrauchten *vide = cura* an; dass er die Worte *quod opust fiat* mitnimmt, erklärt sich daraus, dass sie mit in der Zeile standen. Die zweite Stelle ist Cist. 8, in den Handschriften so abgetheilt:

> pol isto quidem nos pretio facile est frequentare
> tibi utilisque habere,
> ita in prandio nos lepide ac nitide
> accepisti apud te ut semper meminerimus.

Varro führt 7, 99 die Verse bis *accepisti* mit Auslassung von *tibi utilisque habere* an und lässt diese doch unentbehrlichen Worte auch in der Paraphrase (*facile est curare ut adsimus, cum tam bene nos accipias*) unberücksichtigt. Das lässt keine andere Erklärung zu, als dass er bei dem Excerpt, das er von dem Anfange der Cistellaria genommen hatte (unmittelbar vorher führt er v. 1 und 6 an), den Vers übersehen hat. Sein Exemplar hatte also dieselbe Kolometrie wie unsere Handschriften (*A* fehlt). Der Fall ist um so bemerkenswerther als das Metrum von v. 8 für uns unkenntlich ist.

Dieses Resultat, dass gleich in der ersten litterarischen Plautusausgabe die Cantica metrisch gegliedert waren, stimmt durchaus zu unsrer Vorstellung von dieser Ausgabe, die nach der kritischen Technik der alexandrinischen Philologie gearbeitet war[3]). Ebenso fügt es sich vollkommen in die Geschichte des Textes ein, sowohl dass der Herausgeber der 21 die überlieferte Kolometrie beibehielt

---

1) Rhein. Mus. 40, 161 Plaut. Forsch. 20; nachgewiesen von Studemund Würzb. Festgruss 48.

2) Ich darf bei dieser Gelegenheit bemerken, dass gegen meine Darlegung der Ueberlieferungsgeschichte und (wie ich wegen einer unten folgenden Erörterung hinzufüge) der Biographie des Plautus zwar Widerspruch, aber nicht der Schatten eines Argumentes bisher vorgebracht worden ist.

3) Plaut. Forsch. 30.

als dass sie in A und P im allgemeinen intact erscheint. Natürlich sind in jeder dieser Ausgaben willkürliche Aenderungen im einzelnen vorgenommen worden; und bei Priscian de metris Terenti (II 422) finden sich Spuren einer eignen Kolometrie von Amph. 161 sq. (während die von Truc. 120. 121 mit AP übereinstimmt); aber im ganzen tritt auch hier die Stabilität der Ueberlieferung von den Anfängen grammatischer Thätigkeit her deutlich vor Augen.

Daraus aber dass die Ausgaben von Anfang an metrische Gliederung hatten, folgt keineswegs dass diese von Plautus herrührte. Es ist sogar in hohem Grade unwahrscheinlich. Wir wissen jetzt dass bis auf die Ausgaben des Aristophanes von Byzanz die lyrischen Verse und cola ohne räumliche Sonderung bis zum Ende der Periode hintereinander geschrieben wurden [1]. Seit Aristophanes war die metrische Gliederung der Lieder, wie sie Dionys von Halikarnass bezeugt und der Alkmanpapyrus, alle auf Grammatikerarbeit zurückgehenden Handschriften und die heliodorischen Scholien aufweisen, im gelehrten Gebrauch; keineswegs aber im allgemeinen Gebrauch. Denn nicht nur die Päane des Isyllos und Philodamos, auch der päonisch-glyconeische Hymnus, der für die Römer betet, die Seikilosinschrift und, ein in Aegypten geschriebener papyrus, das Grenfellsche Lied sondern weder Vers noch cola. Nun fällt die Thätigkeit des Plautus für die Bühne ungefähr in dieselben Jahrzehnte wie die des Aristophanes für den gelehrten Büchermarkt. So gewiss Plautus und seine dichtenden Genossen mit der hellenistischen Cultur und dem Schutze ihrer classischen Litteratur in Beziehung standen, so gewiss gab es in Rom noch keine Philologie; und es ist sehr unwahrscheinlich dass die für den höchstgebildeten Kreis des griechischen Publikums bestimmten aristophanischen Ausgaben in Rom überhaupt damals bereits bekannt wurden, sehr wahrscheinlich dass Plautus seine Texte schrieb wie es die Griechen die keine Philologen waren zu thun gewohnt waren [2]. Dann hat ein Zeitgenosse des Accius und Lucilius nach dem Muster des Aristophanes in seine Plautusausgabe die metrische Gliederung der lyrischen Partien eingeführt; und diese ist uns überliefert ungefähr in demselben Masse wie die aristophanische des griechischen Dramas in dessen Handschriften.

Immerhin enthält die Kolometrie eine nicht unwichtige Ueberlieferung; denn ihrem Urheber stand die metrische Tradition und Kenntniss seiner Zeit und die musikalische Composition der Lieder zu Gebote, von der wir freilich nicht wissen ob er sie ausnutzte. Gewiss müssen wir von der überlieferten Versabthei-

---

[1] v. Wilamowitz Isyllos 12 Herakles[1] I 141, vgl. Crusius Philol. 52, 162, delph. Hymnen 56.

[2] Ich bin in Zweifel, ob man in Suetons Zeugniss über Naevius' bellum Punicum (de gramm. 2 *quod uno volumine et continenti scriptura expositum divisit in VII libros*) die Worte *continenti scriptura* auf die mangelnde Versabtheilung beziehen darf; ich sehe was dagegen spricht, aber der Ausdruck gestattet kaum eine andere Deutung. Unsre Copie des carmen fratrum Arvalium zeigt, dass in den libri dieses Collegiums das Lied ohne Verstrennung geschrieben war. Die Inschrift des Scipio Barbatus trennt die Verse durch Striche, die der Vertuleii durch Spatien. Eigentlich gestatten ja die Saturnier als stichische Verse keine Vergleichung.

lung ausgeben, aber auch über sie hinausgehen wie über die aristophanische der griechischen Lyrik.

1.

Die jambischen, trochäischen und anapästischen Verse können, da sämmtliche Jamben und Trochäen des Dramas (ausser den recipirten äolischen cola) jonisch sind, d. h. auf der Einheit ◡—◡— und —◡—◡ beruhen, und da sämmtliche anapästischen Verse des Dramas unter die Einheit ◡◡—◡◡— gezwungen worden sind, gemeinsam behandelt werden; es kann hier, wenn Plautus nicht barbarisch gedichtet hat (was ja von vornherein nicht ausgeschlossen ist), nur aus diesen metra hervorgegangne Verse geben. Plautus kennt denn auch die gangbaren Trimeter und Tetrameter, auch die nicht gangbaren Dimeter, Trimeter und akatalektischen Tetrameter. Was die einzelnen Formen betrifft, so bedürfen einiger Worte nur die unter dem Masse des Dimeters bleibenden clausulae oder κωλάρια und die über das Mass des Tetrameters hinausgehenden Systeme.

'Pentapodien' sind für alle drei Gattungen ein Barbarismus so gut in der römischen wie in der attischen Metrik. Für anapästische 'Tripodien' gilt dasselbe [1], es gibt dergleichen nicht. Der ithyphallicus ist ein äolisches Kolon, wie die Reinheit der inneren Senkungen zeigt. Dass er bei Plautus häufig ist habe ich Rhein. Mus. 40, 172 ff. nachgewiesen; die nöthigen Correcturen gibt meine Ausgabe. Ich weise hier nur darauf hin, wie häufig er, ganz in der Weise der tragischen Lyrik, als Schlusskolon eines Liedes oder einer Periode erscheint [2]. Die 'Tripodien' —◡—◡— und ◡—◡—◡— sind, wenn man sie als trochäische und jambische cola auffasst, Unformen. —◡—◡— ist in attischer Technik nicht trochäisch, sondern ein anaklastischer Dochmius; für einen bestimmten Fall, nämlich die Verbindung des Kolons mit cretici, werde ich im 4. Abschnitt nachweisen, dass das Kolon zwar auch nicht trochäisch, aber specifisch cretisch ist, und nehme dieses Resultat hier vorweg. Das Kolon ◡—◡—◡— kann, wenn es überhaupt irgendwo anzunehmen ist, gleichfalls nur als eine Form des Dochmius angesehen werden [3]. Dass Plautus katalektische ithyphallici oder 'brachykatalektische' jambische Dimeter [4] gebildet hätte, dürfte man ihm erst imputiren,

---

1) Ueber Kratinos' ὀράττυται ἀνάπαιστοι s. u. I 4.

2) Cas. 888. Epid. 168. 170. 172 Most. 682 Pers. 254. 271 Pseud. 141. 922. 950. Dazu S. 16 A.

3) Vgl. Kaibel Soph. El. S. 147. — Wenn man bei Rossbach und Christ τί τάνδ' ἔστο ...... als jambischen Vers findet, so kann ihnen das niemand verübeln, denn Entdeckungen wollen gemacht sein. Aber für den Verfasser der jüngsten Abhandlung de versuum iambicorum in melicis partibus usu Aeschyleo (Leipzig 1896), A. Preuss, gibt es eine solche Entschuldigung nicht mehr, und ich wüsste überhaupt nicht welche. — Anakr. 93 hat mit dieser Frage nichts zu thun. Aus der äolischen Metrik stammt ◡—◡—◡

4) Mar. Vict. 81, 23 dimetrum si fuerit brachycatalectum, Eupolidion nominatur, also beatus ille qui; ohne Beleg, so dass wir nicht sagen können woher das Missverständniss kommt und worauf es geht. Ersichtlich falsch Priscian de metr. Ter. p. 422, 10 utitur tamen in hac ipsa scaena et dimetris brachycatalectis i. e. a tribus simplicibus pedibus, ut 'ita peregre adveniens', similiter 'qui hoc noctis a portu' (Amph. 161. 164).

wenn die auf griechische Technik zu begründenden Erklärungen nicht verfangen[1]).

Das Kolon ◡—◡—◡— ist mit Sicherheit nur an einer Stelle überliefert, im Anfang des Stichus, und dort nicht unter Jamben, sondern unter Versen besondrer Art, als Anfangskolon einer Combination, deren zweites Kolon das Reizianum ist; voraus geht ein wirklicher versus Reizianus, also jambischer Dimeter mit demselben zweiten Kolon, dann v. 10

loqui de re viri.   Salvene[2]), amabo?
Spero quidem et volo.   sed hoc, soror, crucior

und noch 3 Verse gleicher Art, dann 2 Reiziana als Uebergang zu Anapästen. Ein Analogon für diese Spielart des versus Reizianus gibt es nicht und ich finde, wenn man nicht ein blosses Spiel annehmen will, keine andere Erklärung dafür als dass Plautus das äolische Kolon

σκέψασθε δέ μ' εἰ σοφῶς
αὐτοὺς περιέρχομαι
τοὺς οἰομένους φρονεῖν
καί μ' ἐξαπατύλλειν,

dessen katalektische Form eben das Reizianum ist, nach Analogie des versus Reizianus jambisch gebildet und mit jener verbunden hat. Dasselbe äolische Kolon leitet in der Form (◡)—◡—◡⌣— in 5maliger Wiederholung die Scene ein, gefolgt von 3 versus Reiziani.

Unsicher, aber auch wenn man es gelten lässt nur in einer besonderen Verbindung überliefert ist das Kolon in der Eingangsscene des Epidicus. Die Scene ist ein Duett zwischen den Sklaven Epidicus und Thesprio, in bunt wechselnden kurzen und langen trochäischen und jambischen Versen, gefolgt von einer Monodie des Epidicus. Unter den jambischen Langversen ist eine Anzahl die, unter sich von gleicher Art, von der Bildung der übrigen abweichen[3]): 29. 52. 57. 68

Sed quid ais? Quid rogas? Vbi arma sunt Stratippocli?
Quid igitur? Quot minis? Tot: quadraginta minis[4]).
Epidice. Perdidit me. Quis? Ille qui arma perdidit.
venire ad Cbaeribulum iussit huc in proxumum.

Diese 4 Verse fügen sich dem Schema ◡—◡—◡— ◡—◡—◡—◡—, aber eine metrische Erklärung für solche Jamben ist nicht zu erdenken. Nun zeigen die 3

---

1) Weitgehende Freiheit in der Bildung dieser *clausulae* nimmt Marius Vict. 79, 1 an: *quod vero ad clausulas, i. e. minuscula cola, pertinet, quod genera versuum sunt, totidem eorum membra pro clausulis poni possunt et solent in canticis magis quam dicerbiis — collocari, et praecipue apud Plautum et Naevium et Afranium. nam hi maxime ex omnibus [membris] versuum colis ab his separatis licenter usi reperiuntur in clausulis.* Es ist die gewöhnliche Unsicherheit der römischen Metriker, wenn ihnen die unmittelbare Vergleichung mit dem griechischen Lehrbuche versagt.

2) Durch grossen Buchstaben bezeichne ich Personenwechsel.

3) Vgl. Rhein. Mus. 40, 181 ff.

4) *Reddigitur* statt *Quid igitur* überliefert und natürlich in Handschriften richtig verbessert.

ersten Verse eine gemeinsame Eigenschaft, einen in kurzen Fragen und Ausrufen abhüpfenden Dialog. Die Einschnitte solcher Dialoge (Personenwechsel) fallen in den Massen, die mit Vorliebe κατὰ μέτρον gebaut werden, häufig mit den Einschnitten des Metrums zusammen; so in kretischen Versen Pers. 17

> Vt vales? Vt queo. Quid agitur? Vivitur.

Rud. 243

> Cedo manum. Accipe. Dic, vivisne? obsecro.

Cas. 233

> Nolo ames. Non potes impetrare. Enicas.

Dies führt darauf, die 3 cola

> Sed quid ais? Quid rogas?
> Quid igitur? Quot minis?
> Epidice. Perdidit

als kretische Dimeter anzusehen; die syllaba anceps im Auslaut von *Epidice* findet gleich an dem angeführten Verse Rud. 243 ihre Analogie (vgl. Most. 328), der Choriambus *sed quid ais* an v. 98 der Monodie des Epidicus *quid faciam? men rogas?* Von den 3 Versen lassen der erste und dritte einen jambischen, der zweite einen trochäischen Dimeter auf den kretischen folgen; dieser Vers (52) ist also eine dem Plautus geläufige Form, auffallender die Verbindung des kretischen mit dem jambischen Kolon. Nun folgt aber v. 29 auf 4 jambische Dimeter, denen er nach der Unterbrechung durch *sed quid ais? quid rogas?* den fünften hinzufügt; dann setzen Trochäen ein, 1 Septenar, 2 Dimeter, Septenare. v. 57 andrerseits folgt auf trochäische Septenare, aber er leitet eine Folge von 5 jambischen Dimetern ein (denn so ist v. 58—60 zu fassen, gleichviel wie man absetzt). Es scheint mir dass man hier in beiden Fällen die Absicht des Dichters fassen kann.

Es bleibt v. 68 *venire ad Chaeribulum iussit huc in proxumum*, der sich der Messung der 3 übrigen nicht fügt und ihre Merkmale nicht theilt. Der Vers steht in folgender Umgebung (66 sq.):

> Plusque amat quam te umquam amavit. Iuppiter te perduit.
> Mitte nunciam, nam ille me vetuit domum
> venire, ad Chaeribulum iussit huc in proxumum;
> ibi manere iussit, eo venturust ipsus. Quid ita? Dicam:
> quia patrem prius convenire se non volt neque conspicari,
> quam id argentum quod debetur pro illa denumeraverit.   70

Es ist alles bis auf das Metrum tadellos, ein sicheres Urtheil über die ersten Verse aber doch nicht möglich, da in *A* zwar die Anfänge und Schlüsse von v. 66. 68—71 stimmen (das Uebrige ist zerstört, in *P* die Versabtheilung gestört), zwischen 66 und 68 aber 3 Zeilen hergehen, in denen nichts zu lesen ist; es bleibt also die Möglichkeit, dass statt v. 67 in *A* ganz etwas anderes stand. Nach der Fassung von *P* löst sich durch die Katalexen ab *mitte nunciam*, das Kolon — ∪ — ∪ —, ein neues Element mit dem Eintreten einer neuen Phase im

Gespräch. Wenn man das was darauf folgt bis zur nächsten Katalexis weiter-
liest, so ergibt sich ein durch Versschluss nicht unterbrochner trochäischer
Rhythmus von 17 metra, nach unserer Gewohnheit in cola zerlegt:

> nam ille me vetuit domum ve-
> nire, ad Chaeribulum iussit
> huc in proxumum, ibi manere
> iussit, eo venturust ipsus.
> Quid ita? Dicam:
> quia patrem prius convenire
> se non volt neque conspicari,
> quam id argentum quod debetur
> pro illa denumeraverit.

So verschwindet das unrichtige Kolon ◡ – ◡ – ◡ –, es bleibt das andere *mitte nunciam*, dessen häufiges Auftreten unbezweifelt ist. Mit diesem haben wir uns nun
zu beschäftigen. Das Kolon hat eine feste Stelle in dem von Plautus stichisch
angewendeten Verse, den es durch Antreten an einen kretischen Dimeter bildet[1]).
Nicht anders als hier, wo es ein den cretici eigenes Element ist, darf das Kolon
beurtheilt werden, wo es sonst mit cretici zusammen erscheint; ja Verse von
denen man sonst vermuthen dürfte dass sie rein trochäisch seien, werden durch
das Kolon als mit cretici vermischt erwiesen, wie Cist. 14:

> quod ille dixit qui secundo vento vectus est tranquillo mari:
> ventum gaudeo ecastor ad ted, ita hodie hic acceptae sumus
> suavibus modis,

d. h. zweimal ein akatalektischer trochäischer mit kretischem Dimeter verbunden.
Pseud. 1280:

> nimiae tum voluptati edepol fúi ob casum, datur
> cantharus, bibi.

So findet sich Rud. 199—203 in der Monodie der Palästra folgende kretische
Periode (vorauf geht ein anapästischer Vers, es folgen Baccheen):

> is navem atque omnia perdidit in mari:
> haec bonorum eius sunt reliquiae. etiam quae simul
> vecta mecum in scaphast, excidit. ego nunc sola sum.
> quae mihi si foret salva saltem, labor
> lenior esset hic mi eius opera.

Dim. + Kol., Trim. + Kol. 2 mal, Tetram., Dim. + – ◡◡ – Die Kretiker abschliessend Capt. 836:

> quantumst hominum optumorum optume in tempore advenis.

Das Kolon findet sich verdoppelt mehreremal als Einleitung kretischer Verse:
Bacch. 620 (Monodie des Mnesilochus, vorher Trochäen Anapäste Baccheen):

---

1) Dahin gehört auch Cas. 688 (unten S. 18 A.).

> omnibus probris   quae improbis viris:
> digna sunt, dignior   nullus est homo.

643 (Monodie des Chrysalus, vorher Anapäste und 1 troch. Octonar):

> callidum senem   callidis dolis
> compuli et perpuli, mi omnia ut crederet.
> nunc amanti ero   filio senis,
> quicum ego bibo,   quicum edo et amo,
> regias copias aurcasque optuli

(ob der 4. Vers vielmehr jambisch ist kann man bezweifeln). Curc. 119:

> Quam longe a me abest?   Lumen hoc vide.
> Grandiorem gradum ergo fac ad me, obsecro.

Pseud. 258 nach Baccheen wie Bacch. 620:

> Eheu quam ego malis   perdidi modis
> quod tibi detuli et quod dedi.   Mortua
> verba re nunc facis.   stultus es, rem actam agis.

v. 1109 folgt auf das Doppelkolon ein unsicherer Vers, dann ein krotischer Dimeter. [1]) Oder das Kolon steht nach und zwischen kretischen Versen: Most. 137

> venit ignavia, ea mihi tempestas fuit,
> mi adventu suo   grandinem [imbremque] attulit; [2])
> haec verecundiam mi et virtutis modum
> deturbavit detexitque a me ilico,
> postilla optigere me   neglegens fui,

das Doppelkolon zwischen 2 kretischen Tetrametern, dann 2 mal der aus 2 cretici und dem Kolon bestehende Vers. v. 344 nach einer aus diesem Verse und dem verwandten mit — ᴗᴗ — bestehenden stichischen Partie:

> da illi quod bibat.   Dormiam ego iam.
> Num mirum aut novom   quippiam facit?

4 cola, das zweite — ᴗᴗ —, die übrigen — ᴗ — ᴗ —, als Abschluss der cretici. Pseud. 1292:

> quod fero, si qua in hoc   spes sitast mihi.
> Vir malus viro   optumo obviam it,

es folgt ein kretischer Vers. v. 1307:

> cum tuo filio perpotavi modo.
> sed, Simo, ut probe   tactus Balliost.
> quae tibi dixi ut effecta reddidi.
> pessumu's homo.   Mulier haec facit.
> cum tuo filio libera accubat.

---

1) Ueber Rud. 231 s. u.

2) Die Nothwendigkeit *imbremque* zu streichen muss sich jedem ergeben der einerseits v. 142, andrerseits v. 108—113 und 162—165 vergleicht.

Merkwürdig ist das kleine Duett Truc. 115 sq.:

> Heus, mane dum, Astaphium, prius quam abis.
> Qui revocat? Scies: respice huc. Quis est?
> Vobis qui multa bona esse volt. Dato si esse vis.
> Faxo erunt. respice huc modo. Ob,
> enicas me miseram quisquis es.
> 　　　　Pessuma, mane.　　　　　　　　　120
> 　　　　Optume, odio es.
> Diniarchusne illic est? atque is est.
> 　　　　　　　Salva sis. Et tu.

Dann nach 3 anapästischen Dimetern v. 127:

> peregre quoniam advenis, cena detur.

v. 115. 117. 119 sind jambisch. v. 122. 123 würde man in einem griechischen Liede als einen trochäischen Vers lesen; ob das im allgemeinen auch für Plautus statthaft ist, werde ich unten erörtern; für dieses Lied lehrt das Kolon 120. 121, das nur mit Kretikern vorkommt, dass die einzelnen cretici 118. 122 und der doppelte 127 wirkliche cretici sein sollen, zu denen sich das Kolon $-\cup-\cup-$ v. 116 u. 118 stellt[1]); dem ithyphallicus in der Form $-\cup--\cup$ 123 werden wir noch begegnen, ebenso gleich dem Kolon $-\cup-\cup$, das diese Partie abschliesst.

In der kretischen Natur des Kolons liegt die Rechtfertigung für Epid. 67. *mitte nunciam* steht dort mit demselben Recht wie die kretischen Dimeter in den besprochenen Versen. Und dass diese mit Recht stehen lehrt die Fortführung der Scene nach v. 71: es folgt ein trochäischer Septenar, 2 Dimeter und die beiden kretischen 75. 76:

> quid istuc ad me attinet,
> quo tu interea modo.

Diese cretici präludiren der Monodie des Epidicus (81 sq.), die durch vier trochäische Septenare eingeleitet aus einer sechsmal wiederholten Folge eines κατὰ μέτρον gebauten kretischen Dimeters mit trochäischem Septenar besteht und folgendermassen abgeschlossen wird (96):

> nequam homo es, Epidice.
> qui lubidost male loqui?
> quia tu tete deseris.
> quid faciam? men rogas?
> tuquidem antehac aliis solebas dare consilia mutua.

Hier schliessen zwei kretische Dimeter zwei trochäische ein, wie 73—76 zwei kretische auf zwei trochäische folgen.

Wie in diesem Falle das Kolon nicht unmittelbar unter cretici steht, so das Doppelkolon Most. 315 in einer nichtkretischen Partie (Baccheen mit Rei-

---

1) Vgl. Curc. 119 *censeo hanc appellandam anum* (s. unten).

ziana), einer kurzen Monodie des Callidamates, die das Duett mit Delphium einleitet; aber die Antwort der Delphium beginnt kretisch: *semper istoc modo* (320) und es folgen 324 sq. kretische Verse mit trochäischen cola; auf das Duett folgt ein Terzett (336 sq.) ganz in kretischen Versen. Aehnlich steht es Cas. 940. Auf den Anfang der Monodie, 4 dactylische cola und einen trochäischen Dimeter, folgt *omnibus modis occidi miser*, dann verstümmelte aber wahrscheinlich anapästische und trochäische Verse; doch sicher von 948 an eine Gruppe von cretici. Eine andere Monodie, die der Leaena Curc. 96, beginnt gleichfalls mit 2 daktylischen Versen, es folgt ein anapästischer Dimeter mit jambischem Monometer, dann *Liberi lepos* und nach einem jambischen Dimeter (*ut veteris vetus tui cupida sum*) [1] kretische Tetrameter.

Die Fälle, in denen das Kolon nicht in naher Beziehung zu Kretikern steht [2], sind selten und zum Theil unsicher, wie Capt. 525 *omnis res palamst* mit Dimeter unter lauter Langversen; Most. 899:

> heus ecquis hic est, maxumam   qui his iniuriam
> foribus defendat? ecquis has aperit foris?

Der Vers wird ein Reizianus sein wie 892. Pseud. 577 sondert sich *res perinde sunt* von den Anapästen, aber diese sind 576 sq. nicht sicher [3]. Rud. 924 und 925 verbinden sich vielleicht zu einem Octonar wie 923:

> nam ego nunc mihi qui impiger fui répperi ut piger si velim sim.

Most. 872 haben Baccheen unter Baccheen nur durch Corruptel den Schein des Doppelkolons angenommen. Von Versen, die überhaupt in Betracht kommen können, bleibt so viel ich sehe nur noch Pseud. 1267 (nach baccheischen Tetrametern):

> victum ceterum ne quis me roget.
> hoc ego modo atque erus minor hunc diem sumpsimus prothyme,
> postquam opus meum omne ut volui perpetravi hostibus fugatis.

Ob ich richtig die beiden langen Verse als die wiederkehrende Folge $-\cup-\cup-$ $-\cup-\cup-$ $-\cup-\cup-\cup$ erklärt habe, muss ich in Zweifel lassen; gewiss ist es nicht ein jambischer Septenar und trochäischer Octonar. v. 1267 kann ebenso gut wie als doppeltes $-\cup-\cup-$ auch als reiner doppelter dochmius gelesen werden, und man kann nicht leugnen, daß der unmittelbare Anschluss des Verses an Baccheen den Rhythmus $-\div-\cup-$ eher empfiehlt als den trochäischen. Vorausgesetzt nun, dass danach *hoc ego modo* und *postquam opus meum* zu sondern ist, erhebt sich die zwiefache Frage, ob solche cola wie jenes *victum ceterum* als wirkliche Dochmien anzusehen sind und ob in $-\cup-\cup-$ ausser

---

1) Man könnte freilich abtheilen *Liberi lepos, ut veteris vetus tui cupida sum*: 2 Trochäen 2 Kretiker wie Pseud. 1260 (oben S. 11).

2) Für Caecilius bezeugt Varro die Clausel *di boni quid hoc* als Anfang eines Liedes (v. 280), ohne zu sagen wie es weiter ging; vgl. v. 158 sq.

3) v. 576. 7 bin ich wohl mit Unrecht von der hergebrachten Messung troch. Septenar + Dimeter abgewichen; zweifelhaft bleiben 578. 9, die so oder so der Emendation bedürfen.

der kretischen Natur auch die dochmische anzuerkennen ist. Die Verbindungen in denen es erscheint sprechen, wie wir sehen, nicht dafür; aber es wäre doch sehr möglich, dass in einigen der angeführten Fälle das Kolon —‿—‿— in der That dochmisch wäre, z. B. Curc. 98 sq., mit welcher Stelle ich etwa Eur. Ion 1466 zu vergleichen bitte:

$$ ὅ τε γηγενέτας δόμος οὐκέτι νύκτα δέρκεται, $$
$$ ἀλίου δ' ἀναβλέπει λαμπάσιν. $$

d. h. ‿—‿—‿—‿— ‿—‿— —‿—‿— ‿——‿— 2 Anapäste, 1 Iambus, 2 Dochmien [1]); im Curculio steht nur statt des zweiten dochmius ein jambisches Kolon. Wenn Plautus überhaupt die Dochmien latinisirt hat, so ist gegen —‿—‿— als dochmius natürlich gar nichts einzuwenden.

Bei der grossen Rolle, die in der monodischen Lyrik und zwar, wie das Grenfellsche Lied beweist, noch in der Zeit des altrömischen Dramas, die Dochmien spielen, wird man geneigt sein, die Frage ohne weiteres zu bejahen. Ich habe selbst geglaubt, an dem Kolon —‿—‿— eine sichere Handhabe für den Beweis zu haben, bis ich dessen kretische Natur erkannte. Nun liegt die Sache so, dass dieses Kolon in der Regel in Verbindung mit Kretikern auftritt, nie (wenn nicht Pseud. 1267) mit reinen Dochmien, was man doch zunächst erwarten müsste, wenn es auch für Plautus eine anuklastische Form des dochmius wäre. Der dochmius in der Form ‿——‿— ist bei Plautus gar nicht selten, aber er erscheint stets in Verbindung mit Baccheen: in der Monodie der Alkmene Amph. 633 sq. die Perioden 637:

nam ego id nunc experior domo atque ipsa de me scio, cui voluptas
parumper datast, dum   viri mei mihi potestas   videndi fuit
noctem unam modo; atque is repente abiit a me   hinc ante lucem.

(8 Baccheen, 2 Jamben katalektisch, dochmius, 4 Baccheen, Reizianum) und 641:

plus aegri ex abitu   viri quam ex adventu voluptatis cepi.   sed hoc me beat
saltem, quom perduellis vicit et domum laudis compos revenit: id solaciost.
absit, dum modo laude parta domum recipiat se; feram et perferam usque
abitum eius animo
forti atque offirmato, id modo si mercedis datur mi, ut meus victor vir belli clueat.
satis mi esse ducam.
virtus praemiumst optumum,   virtus omnibus rebus anteit profecto: libertas salus vita res et parentes,   patria et prognati
tutantur servantur: virtus omnia in sese habet, omnia adsunt
bona quem penest virtus

d. h. Reizianum, 4 Baccheen, dochmius, 6 Baccheen, dochmius, 7 Baccheen, Reizianum, 8 Baccheen, Reizianum, 3 Baccheen mit Katalexis, 8 Baccheen, Reizianum, 6 Baccheen, Reizianum. Bacch. 1135:

exsolvere quanti fuere, omnis fructus
illis decidit. non vides ut palantes   solae liberae
grassentur? quin aetate credo esse mutas,

_____
1) v. Wilamowitz Nachr. d. Gött. Ges. 1896, 217.

ein dochmius zwischen baccheischen Tetrametern. Men. 970:

> tergum quam gulam, crura quam ventrem oportet
> potiora esse cui cor modeste situmxt.

recordetur id   qui nihili sunt quid eis preti
detur ab suis eris, ignavis improbis viris:

> verbera compedes   molae [magna] lassitudo fames frigus durum,
> haec pretia sunt ignaviae,

baccheischer Tetrameter, derselbe katalektisch, dochmius, jamb. Dimeter, troch.
Septenar, dochmius, baccb. Tetr., jamb. Dimeter. Pers. 807:

> Decet me facetum esse et hunc inridere
> lenonem lubidost, quando dignus est.
> Perge ut coeperas. Hoc leno tibi.
> Perii, perculit me prope. Em serva rusum.
> Delude ut lubet, erus dum hinc abest.
> Viden ut tuis dictis pareo?

zuerst ganz wie Men. 970, aber 2 Dochmien, dann baccb. Tetr.; die beiden
letzten Zeilen können als 4 Dochmien so gut wie als 4 Jamben gelesen werden;
es folgen wieder baccheische Tetrameter, dann 815 dochmius mit 2 Trochäen:

> restim tu tibi   cape crassam ac suspende te.

Genau wie Men. 970 und Pers. 807 folgt auf einen akatalektischen und einen
katalektischen baccb. Tetrameter ein dochmius Poen. 243

> nisi multa aqua usque et diu macerantur,
> olent, salsa sunt, tangere ut non velis:
> item nos sumus,

dann wieder Baccheen. Wie man sieht, schliesst sich diesen Beispielen Pseud.
1265

> unguenta atque odores, lemniscos corollas
> dari dapsiles, non enim parce promi,
> victum ceterum   ne quis me roget

so vortrefflich an, dass die Entscheidung nicht wohl schwanken kann, ob 1267
zu messen sei — ⏑ — ⏑ — oder ⏑ — — ⏑ —. Eine besondere Form findet sich in
der Casina, in dem grossen Duett der Pardalisca mit Lysidamus, die Verbindung eines dochmius mit dem Reizianum: v. 663. 691. 703 und vielleicht 834 [1]).

> nec quemquam propo ad   se sinit adire.
> sed etiamne habet   nunc Casina gladium?
> nostro vilico. Saepicule peccas.
> valete. Ite iam. Ite. Iam valete.

In derselben Scene erscheint 12 mal (angeführt zu v. 649. 650) die Verbindung
des baccheischen Dimeters mit dem Reizianum, die auch sonst häufig ist (s. u.);
der Bau der Verse und die Nachbarschaft der Dochmien legt die Möglichkeit

---

1) Vgl. Most. 890. Doch s. unten K. II.

nahe, die Reihe als dochmius mit ityphallicus ◡——◡— —◡—◡—◡[1]) zu fassen,
z. B. 665. 674. 675. 685

> metu mussitant. Occidi atque interii.
> illuc dicere, vilicum volebam.
> sciens de via in semitam degredere.
> adaeque miser. Ludo ego hunc facete.

Wie dem auch sei, diese 15—16 Verse der Casina stehn ebenso wie die sämmtlichen anderen Dochmien in unmittelbarer Verbindung mit Baccheen. Bei dieser
Sachlage kann man nur folgendes Dilemma aufstellen: entweder sind die plautinischen Baccheen aus Dochmien entstanden; das habe ich selbst früher vermuthet[2]), werde aber im 4. Abschnitt darlegen, warum diese Ansicht unhaltbar
ist; oder die plautinischen Dochmien sind nicht was sie scheinen, sondern katalektische baccheische Dimeter. Diese letztere Auffassung ergibt sich, wie mir
scheint, mit Nothwendigkeit erstens aus der steten Verbindung mit Baccheen,
zweitens aus der Thatsache, dass Plautus katalektische baccheische Verse, besonders Tetrameter, baut, deren zweite Hälfte äusserlich dem dochmius gleich
ist (ohne dass man darum doch in der ersten Hälfte das in dochmischen Liedern
häufige Kolon ◡——◡—— sehen dürfte), drittens aus der an 3 Stellen (Men. 970
Pers. 807 Poen. 243) beobachteten unmittelbaren Folge: akatalektischer, katalektischer Tetrameter, dochmius. Ich halte es danach für gewiss, dass Plautus die eigentlich dochmischen metra nicht recipirt hat. Dafür mag der Grund
in dem specifisch tragischen Ethos der Dochmien liegen; es kam aber dazu, dass
die im wesentlichen neugebildeten Baccheen einerseits, andrerseits die kretischen trochäischen jambischen anapästischen Clauseln Plautus genügendes Material gaben, den dochmischen Liedern ähnliche Bildungen hervorzubringen.

Wie das Kolon —◡—◡—, so erscheint auch —◡—◡ ausschliesslich in Verbindung mit cretici, und zwar nicht selten. Die Existenz des Kolons wird am
sichersten dadurch erwiesen, dass es zweimal kretische cantica abschliesst:
Amph. 247 iure iniustas und Rud. 681 nimis inepta es, beidemal auf Tetrameter
folgend; man bedenke hierbei die Verschiedenheit im Gebrauch des ithyphallicus,
der, gleichfalls mit Vorliebe als Schlusskolon verwendet (S. 8 und 18), keineswegs
an kretische Lieder gebunden ist. Im Amphitruo gehen vorher v. 242. 245:

> hoc ubi Amphitruo erus conspicatust.
> cum clamore involant impetu alacri,

im Rudens, gleichfalls in demselben canticum, v. 667. 668 (unter der Voraussetzung, dass die verstümmelten Anfänge richtig, wie das ganze Lied, zu Kretikern ergänzt sind):

> ⟨nec quam in⟩ partem ingredi persequamur
> ⟨scimus, tanto⟩ in metu nunc sumus ambae

---

1) Vgl. v. Wilamowitz Orestie II 228.
2) Rhein. Mus. 40, 170 ff.

und 674 :

> sed nunc sese ut ferunt res fortunaeque nostrae [1]).

Die Verbindung zweier cretici mit dem Kolon kehrt noch wieder Capt. 215:

> sed brevem orationem incipisse.

und Truc. 127:

> peregre quoniam advenis cena detur,

die dreier cretici (Rud. 674) noch Pers. 805:

> quin clude, ut soles, quando liber locust hic.
> hui babae, basilice te intulisti et facete.

Noch einmal löst sich das Kolon $-\cup-\cup$ mit Nothwendigkeit aus der Umgebung los, Pseud. 921 :

> haec ea occasiost: dum ille dormit, volo
> tu prior ut occupes adire.

Die Wörter von *tu* bis *adire* ergeben weder einen trochäischen noch einen jambischen Vers. Der ithyphallicus schliesst, wie oftmals, die kretische Periode [2]); zu ihm leitet das Kolon $-\cup-\cup$ von den Kretikern über [3]). Ich stehe nach diesem ganzen Sachverhalt nicht an, das Kolon $-\cup-\cup$ ebenso wie $-\cup-\cup-$ (und $-\cup\cup-$) als einen Bestandtheil kretischer Lieder anzusehen, nicht erst von Plautus auf die Verbindung mit cretici beschränkt, sondern in der junggriechischen dramatischen Lyrik ebenso mit den kretischen metra zusammengehörig wie die versprengten κωλάρια der dochmischen Lieder mit den Dochmien.

Ein Wort verdient die Verbindung des kretischen Dimeters mit dem trochäischen, wie Bacch. 653 *ubicumque usus sit pectore expromat suo*, Amph. 223. 233 Cas. 237. 628 Most. 325. 328 Rud. 677, vgl. Epid. 52. 96 sq. (oben S. 10. 13), alles in kretischen Liedern. Verbindung von Kretikern und Trochäen ist auch sonst so häufig wie in der alten Komödie. Aber die Combination dieser beiden Dimeter erscheint unter kretischen Tetrametern und Most. 325. 328 alternirend mit katalektischen, als ausgeprägte Form in kretischen Liedern. Hiermit trifft es zusammen, dass dieselbe Parodie der euripideischen Kretiker, die uns den Vers $-\cup--\cup-$ $-\cup-\cup-$ kennen lehren wird (I 4), grade vor diesem die lange kretische Reihe so abschliesst: κωλά τ᾽ ἀμπάλλετε κυκλούμενοι τὴν οἰκίαν, d. h. $-\cup--\cup\cup$ $-\cup-\cup-\cup-$.

---

1) So ist auch, nach der Ueberlieferung, aufzufassen Bacch. 656 *improbis cum improbus sit* vor Kretikern, s. S. 19.

2) Nach Tetrameter Aul. 143. 145 Capt. 208 (vgl. 213) Curc. 121, nach Trimeter Epid. 327, nach Dimeter Cas. 147 Pseud. 1248, nach Monometer als Schluss des Liedes Pseud. 264; vgl. nächste Anm.

3) Ganz ähnlich das Kolon $-\cup-\cup-$ Cas. 688 *reppulit mihi manum neque enim dare sibi surium me sivit*, Epid. 169 *is adeo tu es. quid est quod pudendum sit*, *genere natam bono pauperem domum ducere te uxorem*. Vor diesen Versen stehen Epid. 166 zwei troch. katal. Trimeter; ich habe sie in $-\cup-\cup$ mit Dimeter zerlegt, was bei der unmittelbaren Verbindung mit cretici wohl angeht. Zu Pseud. 922 s. auch unten über Cas. 730.

Auch einzelne cretici verwendet Plautus: so, wie wir sahen (S. 13), True.
118. 122, so am Schlusse des kretischen Liedes Pseud. 261:

> nosce saltem hunc quis eat.　Iam diu scio
> qui fuit:　nunc qui sit ipsus sciat.
> ambula tu.　Potin　ut semel modo,
> Ballio, hue　cum lucro respicias?

Ferner Curc. 113

> censeo hanc　appellandam anum,

worauf ein baccheischer, ein kretischer, ein trochäischer Vers und zwei baceb.
Tetrameter folgen, dann das Kolon *appellandam anum* verdoppelt, dann Kretiker,
die durch einen ithyphallicus abgeschlossen werden. Baccb. 656:

> improbis　eum improbus sit,　harpaget furibus,
> fúretur quod queat,
> vorsipellem frugi convenit esse hominem
> pectus quoi sapit: bonus
> sit bonis, malus sit malis;
> utcumque res sit　ita animum habeat,

der 3. Vers ein trochäischer Trimeter (mit dem folgenden zusammen 5 Trochäen
mit Katalexis) oder 2 ithyphallici (s. u. zu Capt. 213), Schluss doppeltes Reizianum.
Unter diesen Versen könnten True. 122 Pseud. 262 Baccb. 656 trochäisch
sein und es erhebt sich die Frage, die schon auf einige der zuvor behandelten
Verse Anwendung findet, ob Plautus 'synkopirte' Trochäen und Jamben
gebildet hat.

Man muss bei Behandlug dieser Frage sondern die zu stichischer Verwendung in der griechischen Technik ausgebildeten Formen und die im griechischen
Drama übliche Continuation trochäischer oder jambischer metra mit unterdrückten
Senkungen und Anaklasis. Was die stichischen Reihen anlangt, so ist der Tetrameter in der Form $\cup-\cup-\cup-\cup--\cup-\cup-\cup$[1]) von Bücheler Curc. 104 nachgewiesen worden:

> nam ubi tú profusu's, ibi ego me pervelim sepultam.

Er findet sich ausserdem zweimal hintereinander Rud. 945:

> Cave sis malo.　quid tu, malum, nam me retrahis? Audi.
> Non audio. At pol qui audies post.　Quin loquere quid vis

und vielleicht Most. 895:

> novit erus me.　Suam quidem pol culcitulam oportet.

Mit demselben Tetrameter in akatalektischer Form $\cup-\cup-\cup-\cup--\cup-\cup-\cup-$
(λαβοῦσα συγχόρευσον, αἶρον δὲ κουφιῶ σ' ἰγώ) beginnt der Persa:

> Qui amans egens ingressus est princeps in Amoris vias,

wonach der folgende Vers zu ergänzen ist:

> superavit aerumnis suis (misor) aerumnas Herculi.

---

1) Vgl. v. Wilamowitz Comm. metr. II 32.

Derselbe Vers findet sich im Persa noch einmal, 278 (mit syllaba anceps in der Diärese):

> dicis ubi sit, venefice? Nescio inquam, ulmitriba tu,

endlich in 3maliger Wiederholung, durch ein kretisches Kolon eingeleitet, durch einen ithyphallicus unterbrochen, Pseud. 1111:

> cum his mihi nec locus
> nec sermo convenit neque is umquam nobilis fui.
> ego, ut mi imperatumst, etsi abest, hic adesse erum arbitror.
> nunc ego illum metuo
> quom hic non adest, ne quom adsiet metuam: ei rei operam dabo.

Was nun die Unterdrückung der Senkungen in freien trochäischen und jambischen Bildungen angeht, so weiss ich nichts anzuführen was sie für Plautus bewiese oder wahrscheinlich machte. Zunächst die Trochäen. Wir haben gesehen dass es wirkliche Kretiker sind, die Plautus, oft in bunter Mischung, mit Trochäen und scheinbaren Trochäen verbindet. Wir dürfen darum die Verbindung des kretischen Dimeters mit dem trochäischen nicht etwa als trochäischen Tetrameter ansehen, auch nicht wo die cola einmal die umgekehrte Folge haben: Epid. 174 *uxorem quam tu extulisti pudore exequi* (unter kretischen Tetrametern) oder der trochäische Dimeter mit dem Kolon — ∪ — ∪ — verbunden erscheint: Bacch. 650 *qui duas aut tris minas auferunt eris* (in kretischer Periode mit trochäischen cola). Ebenso wenig ist es gestattet, bei Verbindungen von Trochäen mit Kretikern wie Cist. 14 sq. (oben S. 11) oder bei regelmässiger Abfolge trochäischer Verse und kretischer cola wie Epid. 85 sq. Pseud. 1107. 1122 (1131)[1]), bei Abwechselung von Versen und Gruppen wie z. B. Cas. 193—202 Truc. 584 sq. Amph. 219 sq. Most. 114 sq. 144 sq. oder bei Einstreuung eines einzelnen kretischen Tetrameters unter trochäische wie Pers. 17 die kretischen Verse als trochäisch in Anspruch zu nehmen. Auch in anderen Fällen findet sich unvermittelter Uebergang von Kretikern zu stichischen trochäischen Septenaren, wie Asin. 137 Most. 153.

Noch bleibt das Kolon — ∪ — — ∠, von dem man zweifeln kann ob es als ithyphallicus mit unterdrückter 2. Senkung[2]) oder als katalektischer kretischer Dimeter aufzufassen ist. Von den Stellen, an denen es erscheint, stelle ich Most. 878 sq. voran, weil es hier mit dem ithyphallicus alternirt:

> bene merens hoc proti inde abstuli, abii foras.
> solus nunc eo adversum ero ex plurumis servis.
> hoc die crastini quom erus resciverit,
> mane castigabit eos bubulis exuviis.

---

1) Man würde, wenn man in einem griechischen Liede hintereinander Reihen fände wie diese (Cas. 117):

> Prandium iusserat senex sibi parari.
> St tace atque abi, neque paro neque hodie coquetur,

gar nicht zweifeln, dass sie identisch wären.

2) In der Tragödie ist — ∪ — — legitim als trochäischer Dimeter, vgl. v. Wilamowitz Her. II 192; bei Plautus darf man das Kolon nach dem Gesagten nicht so auffassen.

Der 1. und 3. Vers sind kretische Tetrameter, der letzte ein glyconeus mit ithyphallicus, der das ganze Lied abschliesst, der zweite ein trochäischer Dimeter mit $- \cup - - -$; hier fordert einerseits die ähnliche Schlussreihe zur Identification mit dem ithyphallicus auf, andrerseits sprechen die umgebenden Kretiker für kretische Natur des Kolons. Für die erste Alternative fallen wohl die Verse Rud. 952. 953 ins Gewicht:

si fidem modo das mihi te   non fore infidum.
Do fidem tibi, fidus ero,   quisquis es. Audi,

denn hier geht zweimal demselben $- \cup - - -$ derselbe glyconeus voraus, dem Most. 881 der ithyphallicus folgt; aber auch hier gehen kretische Tetrameter (949—951) unmittelbar vorher. Ebenso liegen Cure. 155—157 vielleicht die mit dem glyconeus sehr verwandten dactylischen Reihen mit demselben Kolon *pessuli fiunt* vor (doch s. unten); aber auch hier sind die 3 Verse der Abschluss eines rein kretischen Liedes. Dies deutet sicherlich darauf, dass Plautus das Kolon $- \cup - - -$, auch wenn es für ihn ein synkopirter ithyphallicus war, doch für die Verbindung mit kretischen Versen (die, wie wir sehen werden, mit Glyconeen besonders häufig von ihm verbunden werden) aufgespart hat; eine Entscheidung gibt diese Beobachtung nicht, denn auch der ithyphallicus schliesst Kretiker ab (oben S. 18 A.). Aber die Entscheidung scheint darin zu liegen, dass auch an den beiden anderen Stellen, an denen sich das Kolon noch findet, es in kretischen Perioden steht: Truc. 123 *salva sis. et tu* (wo sowohl cretici als die cola $- \cup - \cup -$ und $- \cup \cup -$ voraufgehen, s. S. 13) und Capt. 203:

At nôs pudet quia eum catenis sumus. At pigeat postea
nostrum erum si vos   eximat vinculis
aut solutos sinat, quos argento emerit,

wo das Kolon den Uebergang von Jamben zu Kretikern vermittelt und wohl zu dieser, nicht aber zu jener Gattung gehören kann. Sonach haben wir das Kolon $- \cup - - -$ als katalektischen kretischen Dimeter zu betrachten und als identisch mit den zweiten Hälften der Tetrameter wie Most. 324 (*duc me amabo. cave ne cadas asta*) oder Trin. 243 sq. (*da mihi hoc, mel meum, si me amas, si audes*); in völliger Analogie des Verhältnisses von $\cup - - \cup -$ zu den Baccheen.

Terenz zeigt sich hier wie so vielfach gelöst von der plautinischen Technik, indem er das Kolon in dreimaliger Wiederholung (*consili quit rah   quo modo me ex hac   expediam turbai* als Uebergang von choriambischen ionici (s. u.) zu Trochäen verwendet; wenn auch ihm das Kolon als kretisch galt, so ist das für uns durch seine Anordnung der metra nicht kenntlich geworden.

Für unterdrückte Senkungen jambischer Verse lässt sich noch weniger anführen. Ich habe zu Cas. 167 *nam ubi domi sola sum, sopor manus calcitur* die Vermuthung ausgesprochen, dass es 4 Jamben mit Unterdrückung der ersten Senkung im 2. und 4. metron seien, weil kretische Verse (denn die Messung als kret. Tetrameter ist die nächstliegende) in der ersten Periode des Duetts nicht vorkommen (wohl aber von v. 186 an), dagegen ein jambischer Dimeter auf 167 unmittelbar folgt. Aber die Unterstützung durch ähnliche jambische Verse fehlt. Wenn Poen. 252

> Quiesco. Ergo amo te. sed hoc nunc responde
> mihi: sunt hic omnia
> quae ad deum pacem oportet adesse? Omnia accuravi

zwischen Baccheen (zuerst ein Tetrameter, zuletzt ein Trimeter mit Reizianum) die Reihe steht ∪————∪— und Rud. 204

> nunc quam spem aut opem aut consili quid capessam?
> ita hic sola solis locis compotita sum.
> hic saxa sunt, hic mare sonat

von einem baccheischen Tetrameter zu jambischen Dimetern durch die Reihe ∪——∪——∪——∪—∪— übergeleitet wird oder Cas. 839 unter Baccheen und jambischen cola der Vers überliefert ist

> meast haec. Scio, sed meus fructus est prior,

so dürfen wir in diesen Versen, die Richtigkeit der Ueberlieferung vorausgesetzt [1]), nicht jambische Dimeter und Tetrameter mit unterdrückten Senkungen des ersten oder des ersten bis dritten metron, sondern wir müssen darin Baccheen sehen, die mit der jambischen Clausel ∪—∪— verbunden sind, in Poen. und Cas. übereinstimmend vor einem in Reizianum ausgehenden Verse, Rud. 205 als Vorklang der folgenden Jamben.

   Das Kolon ∪—∪— findet sich ausserdem noch fünfmal, und zwar als Schlusskolon eines anapästischen Duetts Pseud. 240:

> Mane mane, iam ut voles med esse ita ero.   Nunc tu sapis,

in der ersten Periode des Liedes der Erotium Men. 351 sq., die aus anapästischen und jambischen cola besteht, vor dem schliessenden Trimeter:

> Sine fores sic, abi, nolo operiri,
> intus para cura vide,
> quod opust fiat: sternite lectos.
> incendite odores; munditia
> inlecebra animost   amantium.
> amanti amoenitas malost, nobis lucrost.

(anap. und jamb. Dim., 2 anap. Dim., ein anapästisches mit einem jamb. metron, Trimeter); gleichfalls hinter anapästischen Dimetern Epid. 171 (hanc quae domist) und Curc. 99 (salve anime mi), hier gefolgt von —∪—∪— (s. o.), dort vom ithyphallicus filiam prognatam; mit dem freilich, wie z. St. bemerkt ist, hanc quae domist sich zu einem anapästischen Dimeter zusammenschliessen könnte; aber der schliessende ithyphallicus wird durch die ganze Composition der kleinen Monodie

---

1) Ganz unsicher ist Cas. 869 libens fecero et solens (vgl. Poen. 253), denn in A stand etwas anderes als in P.

empfohlen. Endlich, wodurch auch diese Messung bestätigt wird, lesen wir
Curc. 103, gleich nach den angeführten Versen und 2 kretischen Tetrametern:

tu crocinum et casia es,   tu telinum

nam ubi tu profusu's ibi ego me pervelim sepultam,

das jambische Kolon nach einem daktylischen, als Ueberleitung zu dem oben
besprochnen jambischen Tetrameter, dessen zweite Hälfte durch die Unterdrückung der ersten Senkung wie ein ithyphallicus ins Ohr fällt.

Den κωλάρια stellen sich entgegen die συστήματα ἐξ ὁμοίων, deren
kleinstes, da die Tetrameter stichisch ausgebildet sind, 5 metra umfasst; dass
auch Plautus diese Bildungen gekannt hat, pflegte zwar bisher in den Ausgaben
nicht anerkannt zu werden, aber G. Hermann wusste es und es kann in der
That nicht bezweifelt werden. Niemand würde es gegenüber einem griechischen
Material von derselben Art wie die überlieferten plautinischen Verse bezweifeln.
Andrerseits ist ein stricter Beweis nicht wohl zu führen, da Plautus auch akatalektische Tetrameter und Dimeter verwendet, ja 3 anapästische metra ohne
Katalexis verbindet. Octonare von Septenaren gefolgt haben also, auch wenn
die cola mit Synaphie gebildet sind, das Recht als Einzelverse angesehen zu
werden; und es ist müssig, in solchen Fällen die Frage aufzuwerfen, ob der
Dichter κατὰ στίχον oder κατὰ σύστημα hat bauen wollen. Die Indicien für
Systembildung sind folgende: durch eine Reihe von metra bis zur Katalexis
durchgeführte Synaphie; Vernachlässigung oder Aufgeben der Diärese durch
Synaloephe, Proclisis, Wortmitte; Trennung eng zusammengehöriger Wörter durch
scheinbaren Versschluss; ungrade Zahl der cola oder metra; endlich die Kolometrie oder die durch unrichtiges Zusammenschreiben der getrennten cola in den
Handschriften oftmals entstandene Störung der Kolometrie. Aus diesen Indicien,
deren letztes nur auf die metrische Auffassung des ersten Herausgebers deutet,
während die übrigen die Absicht des Dichters verrathen, muss im einzelnen
Falle der Grad der Wahrscheinlichkeit bestimmt werden. Einzelne Hiate
zwischen den metra sind nicht anders als andre Hiate bei Plautus zu beur-
theilen. Die freiere Behandlung der Diärese und die Einmischung von paroemiaci lehrt, dass die anapästischen Systeme nach denen der Tragödie geformt
sind, mit Einschluss der Klaganapäste. In trochäischen und jambischen Systemen ist die Diärese zwischen den metra überhaupt nie Gesetz gewesen; denn
das sind alte jonische Formen, die anapästischen Systeme secundäre, erst im
Drama den jambischen nachgebildete und daher von vornherein in der attischen
Technik strenger als die Vorbilder behandelte Bildungen.

Wir sind seit G. Hermann gewohnt 'System' zu nennen was für Hephaestion (p. 71) entweder ein σύστημα ἐξ ὁμοίων ἀπεριόριστον ist, nämlich wenn der
ganze metrische Abschnitt aus einem einzigen 'System' besteht (wie Ar. Nub.
889—949), oder ein durch die Katalexis abgegrenzter Theil eines σύστημα ἐξ
ὁμοίων κατὰ περιορισμοὺς ἀνίσους. Diese Ausdrücke sind umständlich und man
mag, wie ich es sonst auch gewohnt bin, bei der vulgären Ausdrucksweise

bleiben oder aus der Parabase die Bezeichnung μακρόν oder πνῖγος entnehmen;
aber wenn man eine Masse auseinanderlegen und rubriciren will, wie ich es hier
vorhabe, so ist es gut sich an die alten Techniker zu halten, sofern diese eine
Handhabe bieten.

Um mit den anapästischen Formen zu beginnen, so haben wir ein ἀπερισ-
ριστον in dem Schlussabschnitt des Duetts zwischen Gripus und Trachalio Rud.
954—962. Dem Duett geht eine Monodie des Gripus voraus (906—937), die in
3 Abschnitte zu zerlegen ist. Der erste (—919, Gebet und Erzählung) besteht
aus baccheischen Tetrametern mit 2 dazwischentretenden anapästischen Octonaren und einem anapästischen Dimeter als Clausel; der zweite (—927, Betrachtung und Anwendung) aus trochäischen Versen, die wieder 2 anap. Octonare
einschliessen und von 2 kleinen anapästischen 'Systemen' (zu je 5 metra?) gefolgt werden; der dritte (Zukunftspläne) ist ganz anapästisch, aber stichisch,
aus Langversen, oder, wohl richtiger, aus Dimetern gebildet. Das nun folgende
Duett enthält in seinem ersten Theil keine Anapäste, sondern jambische Verse
bis 948, dann 3 kretische und 2 glyconeische (s. o.), an die sich die lange vorbereitete
Erzählung des Trachalio v. 954 sq. anschliesst. Hier werden die Anapäste der
Monodie wieder aufgenommen und in einen langen System das ganze canticum
abgeschlossen. Es sind 28 metra bis zur einzigen Katalexis. Einmal ist die
Synaphie verletzt (959 *dimidium* | *indicium*, nicht 958 *pactu* | *ego*), einmal die cola
durch Synalöphe verbunden, zum Schlusse:

> nunc advorte animum, namque hoc omne
> attinet ad te. Quid factumst?

Geschrieben sind in *B* zuerst 2 Octonare, dann 4 Dimeter, von da an ist die
Folge gestört.

Nicht unähnlich ist der letzte Abschnitt der Monodie der Halisca Cist. 697 sq.
Das Lied (671 sq.) ist im wesentlichen baccheisch, aber die 3 Gruppen baccheischer Tetrameter (5, 8 und 3, diese 3, den Abschnitt schliessend, katalektisch)
werden eingeleitet durch 2 anapästische Septenare und unterbrochen (die 5 und
8) durch 2 anap. Octonare und (die 8 und 3) durch 3 anap. Dimeter mit 2 kretischen Versen. Nach einem Zwischenspiel der beiden Lauscher folgt ein anapästisches System, aus 16 metra bestehend, nur zum Schluss Katalexis. Die
Synaphie geht durch, das 10. ist mit dem 11. metron durch Synalöphe verbunden; in *B* ist zuerst ein Octonar geschrieben, dann die Folge gestört. Auf
diese Periode folgen aber noch, als Abschluss der ganzen Monodie, 2 Septenare,
wie dergleichen zwei die Monodie eingeleitet haben.

Auch die aus Octonaren bestehende Monodie des Charmides Trin. 820—842
wird durch ein solches System abgeschlossen[1]), ganz wie die Anapäste der Para-
basen und Streitscenen, so viele tragische Scenen und die Tragödien selbst; ebenso
die aus anapästischen Octonaren und Septenaren bestehende Scene Pers. 763—

---

1) Wahrscheinlich auch begonnen, v. 820—823.

802, wo ein paroemiacus (797) das System (14 metra) einleitet. Den charakteristischen Unterschied von rein stichischen Scenen kann man sich gut durch die Vergleichung mit Pers. 168—182 klar machen, wo von Systemen ἐξ ὁμοίων keine Rede sein kann, da sowohl Synaphie als Katalexis fehlt. Von gleicher Art wie Trin. 820 sq. ist die Monodie des Euclio Aul. 713—726, die auf 7 Octonare und einen Septenar ein schönes System von 22 metra folgen lässt, mit durchgeführter Synaphie bis zum Schlusse, mit Synalöphe zwischen den metra 6. 7 und 16. 17. Man kann diesem Liede gegenüber zweifeln, ob nicht auch seine erste grössere Hälfte eine einzige grosse Periode von 32 metra bildet; dagegen sprechen nur die beiden Hiate 715. 6 und 719. 20, dafür noch besonders der Schluss des 10. metron mitten im Wort (investi|gare).

So zählt vielleicht dieses Lied zu der anderen Kategorie, die bei Plautus wie im griechischen Drama stärker vertreten ist, den Systemen κατὰ περικοπὰς ἀνίσους, d. h. solchen die nicht nur am Schlusse eine Katalexis haben. Zwei solche Systeme bilden im Stichus die anapästischen Lieder 18—47 und 309—330[1]). Zwei paroemiaci gehen v. 16. 17 voraus und beschliessen die erste Periode des Duetts der Schwestern, die aus Glyconeen und einzelnen anapästischen metra mit 2 Arten des Reizianus besteht (oben S. 9). Das σύστημα hat 4 Katalexen, die erste nach 22, die zweite nach 8, die dritte nach 10, die vierte nach 18 metra; in A und B sind Dimeter überliefert. Die zweite und dritte Periode hat ungestörte Synaphie, die erste nach dem 16., die vierte nach dem 4. und 8. metron syllaba anceps. Auch V. 309 beginnt der zweite Theil eines canticum: Pinacium beginnt seine Botschaft auszurichten, Gelasimus redet ihn an, aus dem Duett entwickelt sich durch das Erscheinen der Herrin (326) ein Terzett. Die erste Periode hat 18 metra, auf die Katalexis folgen 5 paroemiaci, bei deren zweitem Gelasimus einsetzt; auf die zweite Periode von 8 metra folgen 3 paroemiaci, deren erster durch enge Wortverbindung mit dem vorigen zusammenhängt (si in te | pudor ussit). Dann kommt das Terzett, zwei Perioden von 8 und 11 metra, das letzte

> Tuos inclama, tui delinquont,
> ego quid me velles visebam.　　　　　328
> nam me quidem harum miserebat.
> Ergo auxilium propere latumst.　　　329
> Quisnam hic loquitur
> tam prope nos? Pinacium. Vbi is est.　330

Die Periode ist in 3 Zeilen wie bezeichnet (328. 329. 330) geschrieben, in A und B. Dieses σύστημα 309—330 hat also 12 Katalexen, von denen 8 auf paroemiaci fallen; die Häufung der paroemiaci entstammt, wie bemerkt, der Tragödie. Die Synaphie ist von 309 bis 330 nicht verletzt; ob 329 quidem und 330 Pinacium Hiatus machen steht dahin[2]).

---

1) O. Hermann Elem. 391. 395.

2) Auch das Lied des Pseudolus 905 beginnt mit 16 anapästischen metra, die Synaphie und schliessende Katalexis haben und von 2 paroemiaci gefolgt werden; danach Octonare und 2 Dimeter

Die beiden ersten Abschnitte der grossen Monodie des Lysiteles Trin. 223 enthalten zwar einzelne anapästische cola, aber keine Periode; der dritte beginnt v. 255 mit 4 Dimetern, die κατὰ στίχον gebaut sind (zwei schliessen mit Hiatus, einer mit syllaba anceps) und durch einen nichtanapästischen Vers beschlossen werden. Dann folgt 260 ein System mit 3 Katalexen (260—274), die erste nach 22 metra, die zweite und dritte nach je 4 metra, durchaus mit Synaphie (denn *habeto | Amor* ist kein Hiatus). Danach 6 Dimeter ohne Katalexis, mit deren drittem Philto einsetzt, worauf das Duett in die Masse des zweiten Abschnittes der Monodie einlenkt (s. Kap. II); v. 288 beginnen wieder die Anapäste, und zwar in 3 Perioden von 9, 4 und 16 metra, worauf 2 Octonare [1]) das canticum abschliessen:

> haec ego doleo, haec
> sunt quae med excruciant, haec dies
> noctesque tibi canto ut caveas.
> quod manu non queunt tangere tantum
>   fas habent quo manus abstineant,   290
> cetera: rape trahe, fuge late — lacrumas
> haec mihi quom video eliciunt,
> quia ego ad hoc genus hominum duravi.
> quin prius me ad plures penetravi?
> nam hi mores maiorum laudant,
> eosdem lutitant quos conlaudant.   295
> hisce ego de artibus gratiam facio,
> ne colas nove imbuas ingenium.
> meo modo et moribus vivito antiquis,
>   quae ego tibi praecipio ea facito.

A verbindet *haec ego — caveas* und die Dimeter zu Langversen, *B* theilt *haec — excruciant* und *haec — caveas*, dann *quin — prius* und *me — penetravi*. Die Synaphie geht durch.

Die Monodie des Alcesimarchus Cist. 203—228 [2]) ist ein anapästisches σύστημα mit 8 Katalexen, von denen 5 das jedesmal 4. metron treffen; d.h. drei Septenare leiten das Lied ein und zwei sind in ihm verstreut (211 [2]) und 221); jene drei sind als Septenare, diese zwei mit den übrigen cola in gestörter Folge ge-

---

ohne Katalexis, nach 2 jambischen Langversen wieder 3 paroemiaci. Aehnlich v. 1316 sq. 10 anapästische metra mit Synaphie und Katalexis, von 2 paroemiaci gefolgt, danach Septenare und Octonare.

1) Diese beiden Octonare (299, 300) enthalten, wie vor Augen liegt, nur schwache und die Wirkung schwächende Wiederholung; ich gebe zu bedenken, ob sie nicht später hinzugedichtet sind, um das ganze System 288—298 zu ersetzen. Das sonderbare *turbidos* wäre dann aus 286 *turbant* entnommen.

2) Vgl. Rhein. Mus. 38, 12.

3) Wohl zu schreiben *ubi sum ibi non sum, ubi non sum ibi animust, ita mi omnia sunt ingenia.*

schrieben. Die 3 andern Perioden bestehen aus 8, 13[1]) und 13[2]) metra. Die Synaphio geht durch (213 *continuo* | *ita* ist nicht als Hiatus zu rechnen).

Der letzte Akt der Bacchides (1076—1206) hat folgende Theile: Monodie des Philoxenus (1076—1096), Monodie des Nicobulus (—1103), Duett der beiden (—1116), Zwischengespräch in 3 trochäischen Septenaren; Duett der beiden Bacchis mit Betheiligung der Alten (1120—1140); Zwischengespräch aller vier in 8 trochäischen Septenaren; Quartett als Finale (1149—1206). Die beiden Monodien und das Quartett, also die umgebenden Hauptstücke, sind anapästische συστήματα ἐξ ὁμοίων κατὰ περιορισμοὺς ἀνίσους, die Monodien mit wenigen, das Quartett mit vielen Katalexen, jene in der gewohnten einfachen, dieses in mannigfaltiger Bildung. Das Duett der Alten besteht aus kretischen Versen, die durch 5 anapästische Septenare eingeleitet und durch eine anapästische Clausel geschlossen werden, das Duett der Schwestern aus bacchëischen Versen mit jambischen Clauseln (Reiziana). Uns beschäftigen hier die anapästischen Lieder.

Das Lied des Philoxenus hat 4 Perioden, von 8, 8, 12 (mit Ausscheidung von v. 1081, syllaba anceps nach dem sechsten metron) und 10 metra; das letzte verläuft folgendermassen: *nunc Mnesilochum, quod mandari, visa erquid eum ad virtutem aut ad frugem opera sua compulerit, sic ut eum, si contenit, scio fecisse: east ingenio natus,* d. h. nur mit 3 Diäresen die geeignet wären einen Vers zu theilen. *B* schreibt 3 Verse: *nunc — virtutem, aut — compulerit, sicut — natus.*

Das Lied des Nicobulus wird eingeleitet und abgeschlossen durch je 2 Septenare; dazwischen stehen 4 Perioden von 12, 24, 6 und 8 metra (mit Ausscheidung der Interpolation in v. 1100), das ganze System hat also 8 Katalexen; einmal findet sich in der Diärese syllaba anceps, ein zweiter Fall wird mit der Interpolation ausgeschieden.

Das Finale enthält 31 Septenare (wie ich sie der Kürze wegen nenne, es sind eigentlich Perioden von je 4 metra), die in Gruppen von 1—6 Versen verstreut sind, das Lied einleiten (2) und abschliessen (3); 8 paroemiaci, deren beide erste die erste grössere Periode (16 metra) aufnehmen, die folgenden vier jeder einer solchen voraufgehen (v. 1166. 1171. 1183. 1193), während die letzten beiden die letzten 9 Septenare in Gruppen von 4, 2, 3 zerlegen; endlich 9 Perioden von 6 bis 16 metra (16. 6, 8, 6·6, 6, 8, 12, 12), nur einmal, wo ich es durch den Punkt bezeichnet habe (v. 1173), zwei zusammenstossend, sonst stets durch paroemiacus (1184) oder Septenare (1176. 1181) oder paroemiaci mit Septenaren (1155) oder durch Septenare mit paroemiacus (1160. 1169. 1188) voneinander getrennt. Von Responsion, nach der zu suchen man bei dieser Vertheilung allenfalls versucht sein könnte, ist keine Spur. Es ist ein System mit 48 Katalexen, jedesmal bis zur Katalexis durchgehender Synaphie und mit keinem akatalektischen Verse (auch nicht 1151—1153); in diesen Daten liegt zugleich der Beweis und die Probe für die Richtigkeit der metrischen Auffassung.

---

1) Oder 12, vgl. zu v. 217.
2) Unsicher wegen der Verstümmelung des vorletzten Verses.

4 *

Die Gesangscene Poen. 1174—1200 besteht aus 3 Abschnitten; bis 1186
Duett der beiden Schwestern: 5 anapästische Octonare (die mit der folgenden
Periode zusammenzunehmen nicht indicirt ist); ein System von 21 metra, dessen
erste Hälfte der Adelphasium, die zweite der Schwester gehört, die Synaphie
beim drittletzten metron (*καρατέλευτον*) gestört; dann 3 Septenare. Der zweite
Abschnitt, bis 1191, ist Duett des Hanno und Agorastocles; das Gebet Hannos
nimmt, wie vorher die Monodie der Adelphasium, den grössten Raum ein, es besteht, obwohl an zwei Stellen corrupt, augenscheinlich aus einem System von 16
oder 17 metra und folgendem Abschluss:

> Omnia faciet Iuppiter faxo,
> nam mi est obnoxius et me
> metuit. Tace quaeso.
> Ne lacruma, patrue,

d. b. einer kleinen anapästischen Periode (Septenar) und als Abschluss 2 cola
Reiziana. Durch anapästische Dimeter mit Reiziana wird auch der letzte Abschnitt, der die vier Personen zum Quartett vereinigt, beschlossen und dadurch
metrisch mit den voraufgehenden Theilen verbunden; denn dieser Schlussabschnitt ist im übrigen jambisch.

Mit Wahrscheinlichkeit ist noch hierherzuziehn der anapästische Theil der
grossen Scene Curc. I, 2, nämlich v. 128—146. Die 6 Langverse zu Anfang
können als Periode von 24 metra gefasst werden, freilich ohne andere Indicien
als die Synaphie und schliessende Katalexis. Dann folgt eine kretisch-glyco-
neische Partie (s. u.), von den Anapästen eingefasst[1]); dann 1 Septenar, 10 metra mit Katalexis:

> Tibin ego, si fidem servas mecum,
> vineam pro aurea statua statuam,
> quae tuo gutturi sit monumentum.
> qui me in terra aeque fortuna-
> tus erit, si illa ad me bitet?

dann 5 Septenare.

Eine freiere Form finde ich auch in der kleinen Monodie der Erotium Men.
351—368. Sie besteht aus 3 Theilen, der erste (—356, Befehl und Betrachtung)
aus anapästischen und jambischen metra (2 an. 2 i. 4 an. 1 an. 1 i. 3 i., alles
ohne Katalexis, auch Hiatus und syllaba anceps zwischen metra gleicher Gattung); der zweite (—360, Vorbereitung der Anrede) aus folgenden beiden anapästischen Perioden (4 und 7 metra):

> sed ubi illest quem cocus ante aedis
> esse ait? atque eccum video,
> qui mist usu et plurumum prodest.

---

1) Sehr ähnlich Pers. 753 sq., wo die einleitenden 5 Octonare auch Synaphie, aber keine
Katalexis haben, die folgenden auch keine Synaphie (die erste Katalexis v. 770).

> item hinc ultro fit, ut meret, potissumus
> nostrae domi ut sit;
> nunc eum adibo, adloquar ultro.

Den dritten Theil, die eigentliche Anrede, habe ich früher (Rhein. Mus. 40, 168) bis auf die beiden Schlusscola nach Anderen auch für ein 'System' gehalten, aber es ist Willkür v. 366 darauf hin zu corrigiren, zumal die Vertheilung in *A* (das vorletzte colon schliesst — *ti neque tibi*) zu einer anderen Auffassung führt:

> animule mi, mihi mira videntur
> te hic stare foris, fores quoi pateant,
> magis quam domus tua domus quom haec tua sit.
> omne paratumst, ut iussisti
> atque ut voluisti, neque tibi
> ulla morast intus,

d. h. auf 4 Dimeter folgt ein jambischer Dimeter mit Reizianum (d. h. ein versus Reizianus) wodurch ein Anklang an die metra des ersten Abschnitts gegeben ist. Dass die anap. Dimeter stichisch gemeint sind, wird um so wahrscheinlicher dadurch dass 2 anap. Dimeter ohne Katalexis die Monodie abschliessen.

Aus den übrigen anapästischen Liedern einzelne 'Systeme' aufzustechen ist nicht schwer[1]; aber ihre Masse wird mit überwiegender Wahrscheinlichkeit unter die κατὰ στίχον gebauten oder die ἀπολελυμένα zu rechnen sein.

Die anapästischen 'Systeme' sind, wie bemerkt, in Athen den trochäischen und jambischen, die zu den ursprünglichen und volksthümlichen Formen des Dramas gehören, nachgebildet und, wie es bei secundären Bildungen zu geschehen pflegt, unter strengeres Gesetz gebracht, vor allem der regelmässigen Diärese unterworfen worden; so haben sie in Tragödie wie Komödie ihre feste Stelle und in der Tragödie freiere Entwicklung gefunden. Die entsprechende trochäische und jambische Form, mit den Charakterismen der wenigstens im allgemeinen herrschenden Diärese und des Verbots der unterdrückten Senkung, sind der Tragödie fremd, der alten Komödie geläufig, aber die jambische Form in weit minderem Grade als die trochäische. Wenn Plautus trochäische und jambische 'Systeme' hat, so können wir diese, soweit uns das griechische Drama bekannt ist, direct nur an die alte Komödie anknüpfen; freilich wird uns die Erklärung der akatalektischen Langverse lehren, dass auch aus der Technik der hellenistischen Zeit die trochäischen und jambischen 'Systeme' nicht verschwunden waren.

Was nun die trochäischen συστήματα ἐξ ὁμοίων betrifft, so ist die Frage ob Plautus sie angewendet hat ohne Schwierigkeit zu beantworten. Sie liegt nicht wesentlich anders als für die Anapäste. Die Formen und ihre Anwendung sind im allgemeinen dieselben, die Häufigkeit und das Verhältniss der Häufigkeit verschieden, entsprechend dem Bilde das die Anapäste und Trochäen der alten

---

1) 5 metra: Most. 860 Rud. 926 (927) Truc. 566. 572; vgl. zu Truc. 555—558.

Komödie geben. Während Plautus zahlreiche Lieder hat, die nichts anderes sind als anapästische συστήματα ἐξ ὁμοίων κατὰ περιορισμοὺς ἀνίσους, kann ich das mit Bezug auf trochäische Lieder nur von 'dem zweiten Theil des Duetts zwischen Amphitruo und Sosia Ampb. 575—585 behaupten, dessen erster Theil baccheisch ist (Tetrameter) und durch eine anapästische Clausel geschlossen wird. Das System hat 3 Katalexen, nach 17, 10, 8 metra; Hiatus nach dem 2., 9., 14., 25. metron, aber den ersten bei Personenwechsel, den zweiten in m, den letzten in m vor hodie: das thut in der That nichts wesentliches zu oder ab. Keine der Katalexen fällt in den Satzschluss, an die letzte schliessen sich unmittelbar trochäische Septenare an.

Ein ἀπεριόριστον ist die kleine Monodie des Lyconides Aul. 727, die aus einem trochäischen System von 16 metra besteht; wofür freilich die Wahrscheinlichkeit nur in der Synaphie der auf die Katalexin ausgehenden metra gegeben ist. Auch hier folgen Septenare. Das canticum Pseud. 1103—1185 wird durch ein ähnliches trochäisches System abgeschlossen, das aber 2 Katalexen hat (1132):

> Venus mi haec bona dat. quom bos huc adigit
> lucrifugas damnicupidos qui
> se suamque aetatem bene curant,
> edunt bibunt scortantur: illi
> sunt alio ingenio atque tu,
> qui neque tibi bene esse patero et
> illis quibus est invides.

In der grossen jambisch-trochäischen Anfangsscene des Epidicus habe ich oben (S. 10) ein System, v. 67—71, nachgewiesen (17 metra, wie Amph. 575—579); auch diese Scene schliesst wie es scheint, mit einem trochäischen System gleicher Art wie Pseud. 1132 ab:

> Quia perire solus nolo,
> te cupio perire mecum,
> benevolens cum benevolente.
> Abi in malam rem maxumam a me
> cum istac condicione. I sane,
> siquidem festinas magis.
> Numquam hominem quemquam conveni unde
> abierim lubentius.

In den Zusammenhang eines grösseren Liedes eingefügt ist auch das System Men. 590—593 (16 metra), aber es muss wegen der doppelten Corruptel zweifelhaft bleiben; sicher ist, dass von diesem ganzen Abschnitt (v. 583—601) nur in den bezeichneten Versen Synaphie herrscht. In die grosse jambisch-trochäische Monodie des Chrysalus Bacch. 925—978 ist das System 953—956 eingelegt, dessen Bau und Umfang genau mit Aul. 727 übereinstimmt. Der Schluss dieses Liedes (dem noch zwei Gruppen eingedichteter Verse und ein Uebergangsvers folgen) ist überliefert als troch. Septenar, jamb. Dimeter, jamb. Octonar mit

überschiessender Silbe und troch. Septenar (969—972). Eine Verbindung wie
die der beiden letzten Reihen ist bekanntlich nicht beispiellos; aber der gleich-
mässige Bau des ganzen Liedes und der fortlaufende trochäische Rhythmus
dieser 4 Verse legt die Frage nahe, ob nicht auch dieses Lied durch ein trochäisches System abgeschlossen wird:

> cepi spolia. is nunc ducentos
> nummos Philippos militi quos
> dare se promisit dabit. nunc
> alteris etiam ducentis
> usus est qui dispensentur
> Ilio capto, ut sit mulsum
> qui triumphent milites.

Auf dieses Lied folgt unmittelbar ein Duett des Chrysalus mit Nicobulus
979—996. Es beginnt mit trochäischen Langversen, bis 986; dann kommen 5
jambische Dimeter und 4 Glyconeen; dies ist die Mittelpartie des Liedes, sie
wird aufgenommen wie eingeleitet durch trochäische Verse, 991—994. Die erste
trochäische Gruppe enthält die Begrüssung und die Uebergabe des Briefes, die
Mittelpartie den heimlichen Jubel des Chrysalus, während der Alte ihn zur
Verlesung ruft und harmlos in die Falle geht, die zweite trochäische Gruppe
die Vorbereitung der Lectüre; danach wird zum Abschlusse des ganzen Duetts
durch eine jambische Folge von 7 metra (oder 3 Dimetern mit Monometer) und
1 Reizianum wirklich zur Verlesung des Briefes übergegangen. Das Schema
ist *a b a c*, darin *a* trochäisch. Nun haben die beiden ersten Verse folgende
Gestalt:

> Quoianam vox prope me sonat? O Nicobule. Quid fit?
> quid quod te misi, ecquid egisti? Rogas? congredere. Gradior.

Diese Verse hat R. Klotz (Grundzüge altrömischer Metrik 423) nebst zwei
anderen, für die es sicher nicht zutrifft[1]), mit Ar. Eq. 616 νῦν ἄρ' ἄξιόν γε
πᾶσίν ἐστιν ἐκολολύξαι verglichen, einem Verse den er als 'brachykatalektischen'
Tetrameter ansieht. Die Analogie hat etwas bestechendes, kann aber sicherlich
nicht gelten. Der angeführte Vers ist ein Tetrameter, dessen 4. metron beide
Senkungen unterdrückt, er leitet das Liedchen ein, das aus 22 metra besteht,
aber nach dieser ersten noch eine ganze Reihe von Katalexen hat, bis die letzten
8 metra durchlaufen:

> κἂν μακρὰν ὁδὸν διελθεῖν
> ὥστ' ἀκοῦσαι. πρὸς τάδ' ὦ βέλ-
> τιστε θαρρήσας λέγ' ὡς ἅ-
> παντες ἡδόμεσθά σοι.

Die Langverse aber, in denen Plautus Senkungen unterdrückt, sind solche die
in der griechischen Technik stichisch vorkommen (oben S. 19); eine Synkope

---

1) Bacch. 1149 Cas. 631.

wie diese bildet er nicht nach. Nun könnte man ja *Nicobule quid fit* und *rogas congredere gradior* als itbyphallici fassen; aber die ganze erste trochäische Gruppe von 23 und 8 metra hat Synaphie und zwei Katalexen, die zweite schliessend:

> Quoianam vox prope me sonat? O
> Nicobule. Quid fit? quid quod
> te misi, ecquid egisti? Rogas? con-
> gredere. Gradior. Optumus sum ora-
> tor. ad lacrumas coegi hominem
> castigando maleque dictis,
> quae quidem quivi comminisci.
> Quid ait? Verbum nullum fecit:
> lacrimans tacitus auscultabat
> quae ego loquebar;
> tacitus conscripsit tabellas,
>   obsignatas mi has dedit.
> tibi me iussit dare, sed metuo
> ne idem cantent quod priores.
> nosce siguum. estne eius? Novi.
>   libet perlegere has. Perlege.

Die Absicht des Dichters wird vollends deutlich dadurch dass die zweite trochäische Gruppe (991 sq.) ein System gleicher Art bildet, in dem nur die kürzere Periode (Septenar) vorangeht und beide geringeren Umfang haben, 4 und 12 metra, zusammen etwa die Hälfte (16 gegen 31 metra):

> Enge litteras minutas.
>   Qui quidem videat parum,
> verum qui satis videat, grandes
> satis sunt. Animum advortito igitur.
> Nolo inquam. At volo inquam. Quid opust?
> At enim id quod te iubeo facias.
> Iustumat ut tuos tibi servos
>   tuo arbitratu serviat.

Das Duett der beiden Sklaven im Eingange des Persa wird durch zwei Monodien von je 6 jambischen Versen eingeleitet; dann verläuft das Gespräch zunächst in einer Gruppe trochäischer Verse (13—18) mit einem kretischen (17) und einer Gruppe jambischer Verse (19—25), sämmtlich Langversen. Darauf setzt folgendes trochäische System ein:

> Quid ego faciam? disne advorser?
> quasi Titani cum eis belligerem
>   quibus sat esse non queam?
> Vide modo, ulmeae catapultae
>   tuom ne transfigant latus.
> Basilice agito eleutheria.

Quid iam? Quia erus peregrist.　Ain tu?
peregrist? Si tu tibi bene esse
pote pati, veni: vives mecum,
basilico accipiere victu.
Vah iam scapulae pruriunt, quia
te istaec audivi loqui.

Die Perioden haben 6, 4, 12 metra; eingesprengt ist, wie oben (17) der eine kretische Vers, der glyconeische *basilice agito eleutheria*: er bedeutet die Peripetie des
Gesprächs. Auf dieses System folgt eine von dem bisherigen verschiedene
Partie, die aus Jamben und Trochäen gemischt ist (33—42) und vielleicht auch
zu Perioden sich zusammenfügende Verse enthält (s. u.). Der Abschluss des
Ganzen ist wieder jambisch: zweimal 4 Septenare (die Gruppe von 4 auch vorher
v. 19—22), die wie es scheint 2 Octonare und einen Dimeter einschliessen; aber
diese Verse sind durch Wortausfall undeutlich geworden.

Die Fälle, in denen vereinzelte jambische auf trochäische Verse in der Weise
folgen, dass der trochäische Rhythmus sich fortsetzt und in Kutalexis ausläuft,
wie Amph. 1072 (Septenar + Dimeter) Epid. 23 (Sept. + Senar) Stich. 288 (Dimeter + Senar), will ich nur erwähnen, da eine solche Folge an sich wohl die
Möglichkeit der Systembildung, aber kein Argument dafür abgeben kann.

Wir kommen nun zu der Frage, ob Plautus jambische συστήματα ἐξ ὁμοίων
gebildet hat, eine Frage von der wir sehen werden dass sie sich auf inductivem
Wege nicht ausreichend lösen lässt; doch wird es gerathen sein, auch hier zunächst das Material vorzulegen. Es gibt zunächst bei Plautus keine Lieder
oder für sich stehende Theile von Liedern wie die anapästischen und trochäischen,
die sich als Systeme von einer oder mehreren katalektischen Perioden erweisen.
Man könnte dafür nur anführen einige Stücke, in denen eine Reihe von Octonaren durch einen Septenar aufgenommen wird, wie den jambischen Monolog
Poen. 817—822 (4 Oct., 2 Sept.), der aber in v. 818 und 821 syllaba anceps
hat; oder den jambischen Schluss der Gesangscene Most. III 2 (v. 741—746),
dessen Lücken nicht hindern die metrische Form zu erkennen (4 Oct., 1 Sept.);
oder den Schluss der Monodie Men. 131—134 (2 Oct., 2 Sept.); vgl. Stich. 769. 770
Men. 979. 980 Epid. 7—9 Pseud. 914. 915. Auf einige dieser Versgruppen
werde ich unten noch zurückkommen; keine ist von der Art, dass sie an sich
ausreichende Sicherheit für Systembildung gäbe. Andere Partien, wie Pseud.
146—172, lehren auf den ersten Blick, dass sie nur aus Tetrametern bestehen
und Gruppen wie 146—153; 154. 5; 157—159; 170. 1 sich nicht auslösen lassen.

Das grosse Duett der Pardalisca mit Lysidamus Cas. III 5 hat einen jambischen Schluss 709—712, während vorher nur 636 sq. zwei jambische Octonare
auf ionici folgen. v. 706 gehen die Barcheen in Trochäen über, 2 Octonare,
dann der jambische Schluss nach der Abfolge in *A* (709):

si effexis hoc, soleas tibi dabo et
annulum in digitum aureum et bona plurima.
Operam dabo.

Face ut impetres.
Eo nunciam,
nisi quippiam
remorare me.
Abi et cura.

B theilt die beiden ersten Verse ebenso ab und schreibt überdies *Et bona*, dann das Folgende in 2 Zeilen, die mit *nuncium* und *cura* schliessen. Der Metriker, dessen Hand hier vorliegt, nahm Bildung ἐξ ὁμοίων an und wollte die metra herausstellen. Es sind 11 metra; die syllaba anceps nach dem ō. kann, bei Personenwechsel, kein Bedenken geben. Auffallend und ohne Zweifel beabsichtigt ist die fast durchgehende Bildung ⌣—⌣—. Hier ist also ein Fall, auf dem sich weiter bauen liesse.

Sonst treten nur sehr selten jambische Gruppen auf, die mit Synaphie gebaut in Katalexis ausgehn; wo sie auftreten sind sie gelegentlich in die cantica eingestreut. Man kann in diesen Fällen wohl die Frage aufwerfen, ob man es mit Einzelversen oder Systemen ἐξ ὁμοίων zu thun hat. So wird der Schluss der baccheischen Scene Rud. 259—289 durch die Verse eingeleitet (283):

egomet ⟨meam⟩ vix vitam colo,
Veneri cibo meo servio.
Veneris fanum, obsecro, hoc est?
Fateor, ego huius fani
sacerdos clueo.

Wenn hier die ersten 6 metra eine Periode bilden, so wird das katalektische Kolon wiederholt (darauf ein Reizianum, das ganz zu diesen Versen gehört) wie im anapästischen System nach der Katalexis der paroemiacus; so im jambischen System Ar. Ach. 932 sq.

Ἐμοὶ μελήσει ταῦτ᾽, ἐπεί
τοι καὶ ψοφεῖ λάλον τι καὶ
πυρρορραγὲς
κάλλως θεοῖσιν ἐχθρόν.
Τί χρήσεταί ποτ᾽ αὐτῷ;
Πάγχρηστον ἄγγος ἔσται.

Vergleichen kann man Poen. 1196, Pseud. 1256; Pers. 47—49, wo wie wir sahen der Wortverlust die Sicherheit der Messung behindert.

Andere jambische Versgruppen, die einerseits sich nicht ohne weiteres in die üblichen Trimeter, Tetrameter, Dimeter zerlegen, andererseits die Deutung als System gestatten, weiss ich nicht anzuführen; deshalb nicht, weil allen die Katalexis, das unerlässliche Merkmal, fehlt. Kein Zweifel, dass der beliebig lange jambische Vers ohne Katalexis zu den Urformen dieser Gattung gehört; das beweist das Phalloslied des Dikaeopolis; aber es wäre widersinnig anzunehmen, dass Plautus auf eine Urform zurückgegriffen hätte. Gruppen der bezeichneten Art bestehen ohne Frage aus Einzelversen.

Zweifel können, so viel ich sehe, noch einem Liede gegenüber geltend gemacht werden, dem Duett des Gripus und Trachalio Rud. 938. Der letzte Abschnitt des Liedes, 954—962, ist ein anapästisches System (oben S. 24); der erste, 938—948, ist jambisch; beide fassen eine kretisch-glykoneische Gruppe ein. Das Lied würde offenbar sich durch einen besonders durchsichtigen Aufbau auszeichnen, wenn auch der jambische Theil als System gebildet wäre. In der That beginnt er mit 13 Dimetern, deren keiner eine Freiheit des Versschlusses zeigt, und lässt auf diese, gleichfalls noch mit Synaphie, den ersten der beiden 'synkopirten' Septenare folgen, über die ich oben gesprochen habe (S. 19). Es wäre hiernach möglich, v. 938—945 als ein System von 28 metra aufzufassen, das durch einen ithyphallicus geschlossen würde, worauf dasselbe System in der Verkleinerung, wie so oft, folgen (dim. + ith.) nnd das Ganze in 4 katalektische Dimeter, deren gleichen uns oben (S. 34) begegnet sind, ausgehen würde. Der ganze Abschnitt hätte auf diese Weise eine durchaus legitime Bildung, für den Abschluss von Jamben durch den ithyphallicus gibt es berühmte Beispiele wie *ἰάλεμοι δὲ ματέρων, ἰάλεμοι δὲ καρθίνων ἐστίναζον νίκοις*. Es wird auch richtig sein, die Verse 938—944 als Dimeter zu fassen und die syncopirten Septenare auf die angegebene Weise zu erklären. Aber gegen die Auffassung des Ganzen als *σύστημα ἐξ ὁμοίων* werde ich gleich einen entscheidenden Grund anführen.

Als Beispiele jambischer Versgruppen, die keine Katalexis haben und deren Versen gewiss nur zufällig die Freiheiten des Versschlusses fehlen, führe ich an Capt. 195—200:

Si di immortales id voluerunt, vos hanc aerumnam exequi,
decét id pati animo aequo: si id facietis, levior labos erit.
domi fuistis credo liberi:
nunc servitus si evenit, ei vos morigerari mos bonust
et erili imperio eamque ingeniis vostris lenem reddere.
indigna digna habenda sunt, erus quae facit.

d. h. je 2 Octonare, die einen Dimeter einfassen; auf *reddere*, den ersten äusserlich bezeichneten Versschluss, folgt noch ein Senar als Abschluss. Epid. 183 (vorher als Beginn des Liedes *si*, jamb. Dim., paroem., Reizianum):

acutum cultrum habeo, senis qui exenterem marsuppium.
sed eccum ipsum ante aedis conspicor ⟨eum⟩ Apoecide,
qualis volo vetulos duo.
iam ego me convortam in hirudinem atque eorum exugebo sanguinem,
senati qui columen cluent.

Es fehlt danach der Anfang des Gesprächs, aber schwerlich etwas diesem Liede (Octonar, Senar, Dimeter, Octonar, Dimeter). Epid. 58:

Nam quid ita? Quia cottidie ipse ad me ab legione epistulas
mittebat. sed taceam optumumst,
plus scire satiust quam loqui servum hominem. ea sapientiast.

Es folgen Trochäen. v. 324, an Kretiker anschliessend:

copíam parare aliam licet. scivi equidem in principio ilico
nullam tibi esse in illo copiam. Interii hercle ego.
Auch hier folgen Trochäen. Die beiden ersten Abschnitte der grossen Scene
Poen. 1174—1200 habe ich S. 28 besprochen; der dritte ist jambisch, 1192—1198,
worauf zweimal anapästischer Dimeter mit Reizianum das Ganze schliesst. Die
Jamben haben eine Katalexis (1197, s. o.), vorher 3 Octonare, je 1 Senar,
Dimeter, Senar, dann der katalektische Dimeter, darauf 3 akatalektische Dimeter.
Endlich zeigt noch eine besondere Eigenheit der jambische Schluss des oben
(S. 31) analysirten Duetts zwischen Chrysalus und Nicobulus, Bacch. 995:

Hoc age sis nunciam. Vbi lubet,
recita: aurium operam tibi dico.
Cerae quidem hand parsit neque stilo;
sed quidquid est,   pellegere certumst.

Wenn man *cerae* — *certumst* zu einem Verse zusammennimmt, so muthet man
Plautus eine Unform zu, die ihm fremd ist; wie wir gleich sehen werden; auch
sed — *certumst*, das äolische Kolon λαῖφος ὅ ι πᾶν ζάδηλον ἤδη, ist ihm fremd. Was
hier vorliegt, sind 7 jambische metra mit einem Reizianum, das zugleich, wie
so oft, das canticum abschliesst; zweifeln kann man nur, ob auf die trochäischen
Systeme ein jambisches folgt, oder ob ant 3 Dimeter ein Monometer, auf 2
Dimeter ein Senar. Das Reizianum schliesst sich so legitim an wie in der
stichischen Form Dimeter + Reizianum.

Die Entscheidung aller dieser Zweifel liegt in folgender Erwägung. Jede
akatalektische jambische Versbildung, also auch jedes für sich stehende metron,
bedarf für Plautus wie für die Griechen der reinen Senkung vor der letzten Hebung;
sed quidquid sit ist für Plautus so wenig ein Jambus wie für Horaz. Das bedeutet
einen wesentlichen Unterschied der jambischen Formen gegen die anapästischen
und trochäischen. Die Senkungen der Anapäste werden sämmtlich rein gebildet,
— oder ‿; die der Trochäen brauchen überhaupt nur vor der Schlusssilbe katalektischer Verse rein gebildet zu werden, eine beliebige Menge trochäischer metra
kann ohne eine einzige reine Senkung daherlaufen (bekanntlich wird das im allgemeinen vermieden, aber das berührt die Theorie nicht, sondern die Praxis).
Die metra der anapästischen und trochäischen Systeme, die wir bei Plautus
gefunden haben, sind jedes einzelne für Plautus richtige anapästische und trochäische metra; die Systeme sind in der That ἐξ ὁμοίων. Wie wir sehen folgt
aus der Thatsache, dass Plautus trochäische Systeme gebildet hat, keineswegs
dass er auch jambische gebildet hat. Wenn er jambische συστήματα ἐξ ὁμοίων
hätte machen wollen, so hätte er die zweite Senkung jedes Metrons rein erhalten
müssen; erfüllte er diese Forderung nicht, so fielen diese Gebilde in Dimeter,
Trimeter u. s. w. auseinander — wie sie es denn in der That thun; d. h. er hat
in der That keine jambischen συστήματα ἐξ ὁμοίων gebildet. Daher kommt es
dass die unregelmässigen Gruppen jambischer Verse in der Regel nicht katalektisch auslaufen. Dass aber solche in Katalexis endigende Versgruppen wie die
Rede oder das Lied Poen. 817:

Expecto quo pacto mene techinae processurae sient.
studeo hunc lenonem perdere, qui meum erum misere macerat,
is me autem porro verberat, incursat pugnis calcibus:
servire amanti miseriast, praesertim qui quod amat caret.
attat, e fano recipere video se Syncerastum,
lenonis servom; quid habeat sermonis auscultabo,

oder die Liedperiode Stich. 769:

qui Ionicus aut cinaedicust, qui hoc tale facere possiet?
Si istoc me vorsu viceris, alio me provocato,

dass solche Gruppen keine συστήματα ἐξ ὁμοίων sind, bedarf keines weiteren
Beweises.

Dagegen ist es augenscheinlich, dass Plautus für seine jambischen Lieder
und Perioden nach einem Ersatz für die Systeme ἐξ ὁμοίων gesucht hat. Er
hat darum grössere Gruppen jambischer Dimeter häufiger als trochäische; er
hat darum solche Gruppen jambischer Verse zusammengestellt wie die S. 35
angeführten. Dahin gehört auch eine besondere Form, die er öfter angewendet
hat, dass er nämlich auf einen um eine Silbe verlängerten jambischen Octonar
einen trochäischen Septenar oder Octonar + Septenar folgen lässt; dadurch wird
der Rhythmus fortgeführt, aber auch hier die Katalexis vermieden. Es sind die
Stellen, über die Kiessling Anal. Plaut. 11 gehandelt hat, Amph. 1067 (vgl.
die Note):

ut incui, exsurgo. ardere censui aedes, ita tum confulgebant.
ibi me inclamat Alcumena; iam ea res me horrore adficit.

Bacch. 971 (oben S. 30 sq.) Pers. 84; mit zwei folgenden Versen Pers. 89:

qua confidentia rogare tu a med argentum tantum audes,
impudens? quin si egomet totus veneam, vix recipi potis est
quod tu me rogas; nam tu aquam a pumice nunc postulas

und Stich. 291:

atque oratores mittere ad me donaque ex auro et quadrigas,
qui vehar, nam pedibus ire non queo. ergo iam revortar.
ad me adiri et supplicari egomet mi aequom censeo.

Für die übrigen angeführten Stellen bitte ich die Probe, dass sich nirgend jambische metra rein herausstellen, selbst zu machen. Ein einziger Fall bildet eine
Ausnahme; es ist der auf S. 33 sq. behandelte Liedschluss Cas. 709 sq. Hier ist
nicht nur Synaphie und Katalexis, auch die metra sind rein und sogar durch
Diärese von einander gelöst. Hier ist ein jambisches σύστημα ἐξ ὁμοίων, aber
eine Singularität wie anderes in der Casina.

2.

Ionici bei Plautus hat G. Hermann nachgewiesen, zwar nicht als der
erste und einzige, aber mit System und Sicherheit. *Plautum ionicis a maiore
usum esse uti certum ita mirum est, cum quod sciam non inveniatur hoc metrum apud*

comicus graecos (Elem. 454). Nach dieser Einleitung analysirt er, zum Theil unter starken Textänderungen, vier cantica: Aul. 133—160; 415—446 Stich. 1—10 Amph. 163—172. Von diesen scheidet das zweite aus (es ist die in versus Reiziani geschriebene Scene); das erste und dritte wird uns noch beschäftigen. Kein Zweifel kann bestehen in Betreff der Verse Amph. 168—172; hier haben wir rein überlieferte, klar und schön gebaute katalektische Tetrameter in fallenden ionici vor uns:

> noctesque diesque assiduo satis superquest
> quod facto aut dicto adeost opus, quietus ne sis.
> ipse dominus dives operis et laboris expers
> quodcumque homini accidit libere posse retur:
> aequom esse putat, non reputat laboris quid sit.

Der 2. und 3. Vers sind κατὰ μέτρον gebaut; sonst gibt es keine Diäresen. Die zweiten Hälften, durchweg anaklastische Dimeter $-\cup-\cup$ $\smile$ $\cup$, haben nur reine Senkungen; sie haben auch keine Auflösungen ausser v. 169, wo Zweifel erlaubt sind (überliefert *adest*: dies die einzige Aenderung, ausser *quod* für *quo* in demselben Verse). Die ersten Hälften sind rein im ersten und letzten Verse, $--\cup$ $--\cup$; ganz anaklastisch im mittleren, aber mit Auflösungen, so dass die Recitation zwischen der reinen und anaklastischen Form schwanken kann, $-\cup\cup\cup$ $-\cup\cup\cup$; das erste metron rein, das zweite anaklastisch im 2. und 4., aber im 2. choriambisch: $---$ $-\cup-$, im 4. trochäisch $--\cup$ $-\cup-\cup$; nur eine Contraction, im ersten metron des 2. Verses.

Es sind vollkommene Sotadeen, der erste und letzte Vers wie εἰς οὐχ ὁσίην τρυμαλιὴν τὸ κέντρον ὤθει (Athen. 621ª), der vierte wie ἰσθει νέμεται φλίγει κρατεῖ πυρὶ μαλάσσει (Luk. Tragodop. 123) oder *ilaut maluci vivre Veneriam corollam* (Ennius bei Varro de l. l. V 62), der dritte wie ἴστορα κακῆς ἱμαντὸν οὐκ ἔχων ἔλεγχον (Inschrift des Maximus [1]) v. 4). Die Contraction wie im zweiten Verse kommt häufig vor, der Choriambus freilich ist im Sotadeus nicht belegt. Ich würde gar kein Bedenken tragen ihn für Plautus anzunehmen; aber *adeost* ist, wie schon bemerkt, nicht überliefert, und mit dem überlieferten *adest* wäre der Vers gut, das zweite metron wie in den beiden folgenden [2]).

Die Verse haben vollkommen griechische Technik, wie die des Ennius; diese verhalten sich zu Sotades wie die palliata zu Menander und sind von den plautinischen gänzlich fernzuhalten, selbst wenn des Ennius saturae und Sota vor dem Amphitruo entstanden sein sollten. Ueberhaupt ist der den Sotadeen in

---

1) Ber. Berl. Ak. 1895, 781.

2) Palmer, der die Verse überhaupt richtig misst, hat *adest* beibehalten, ohne doch zu sagen was es bedeuten könnte. Andrerseits ist auch *adeo* nicht einwandfrei, es steigert *dicto* in unnöthiger und wie mir jetzt scheint fehlerhafter Weise; denn *facto aut dicto* umfasst die Gesammtheit der möglichen Aufträge, da darf das eine der beiden Glieder nicht hervorgehoben werden. *dictod est* führt in die Irre; in unsrer Ueberlieferung ist kein ablativisches *d* erhalten oder verdunkelt. Den Versen 168 sq. fehlt eine Verbindung mit dem vorhergehenden Thema: 'dem Sklaven eines reichen Herrn geht es besonders schlecht'; diese würde durch *ibi est* statt *adest* hergestellt.

stichischer Anwendung gegenüber nächstliegende Gedanke, der an Sotades, keineswegs unbedenklich, schon da die Verse in einer zweifellos gesungenen Partie und ohne kinädisches Ethos stehen. Sotades hat ja nicht die jonischen Tetrameter a maiore erfunden, sondern eine besondere Compositions- und Vortragsart dieser Verse; dass sie κατὰ στίχον auch unabhängig von ihm bei Plautus auftreten können, werde ich im 4. Abschnitt zeigen.

Die den Sotadeen im Liede des Sosia vorausgehenden und folgenden Verse widerstehen zum Theil gleichfalls den landläufigen Messungen. Es folgen auf die 6 einleitenden jambischen Octonare die Reihen:

> ita quasi incudem me miserum homines octo validi caedant:
> ita peregre adveniens hospitio publicitus accipiar.
> haec eri immodestia cocgit me qui hoc noctis a portu ingratiis excitavit.
> nonne idem hoc luci me mittere potuit?   165
> opulento homini hoc servitus durast,
> hoc magis miser est divitis servos:
> noctesque diesque c. q. s.

Diese Vertheilung trifft genau mit der Satztheilung zusammen, wie nicht anders zu erwarten. Priscian de metr. Ter. 422 befolgt eine andere Kolometrie; er sondert als jambische cola *ita peregre adveniens* und *qui hoc noctis a portu* (brachykatalektischer Dimeter, aus *'tres simplices pedes'* bestehend, d. h. $\smile\stackrel{\smile}{\smile}\smile -$ $\smile -$ und $- -\smile - -$), *ingratiis excitavit* (katalektischer Dimeter, $- - - -\smile\smile$, mit falschem *ingratiis* wie es die Handschriften geben), *hospitio publicitus accipiar* (hyperkatalektischer Dimeter *'id est quibus una abundat syllaba'* d. h. mit Elision des *s*: $-\stackrel{\smile}{\smile} - -$ $\smile\perp\smile -$ (vgl. Plaut. Forsch. 232[1]), wobei freilich gar kein jambischer Rhythmus übrig bleibt, oder nicht schöner $-\stackrel{\smile}{\smile} - -$ $\stackrel{\smile}{\smile} -\smile -$). Das sind misslungene Versuche, die auch uns überlieferten Worte zu messen, genügend gekennzeichnet durch *ingratiis*; weder cola noch metra können für uns massgebend sein. Die erste Reihe ist ein trochäischer Octonar. Trochäen kehren wieder zu Anfang von 164; anapästisch liest sich 167 und, nicht ohne Bedenken wegen der Messung von *servitus*, 166. Als baccheischer Hexameter löst sich aus 164 (*portu* macht nicht Hiatus), denn die Worte geben keinen anderen Rhythmus und diesen sicher, vorher *immodestia* trägt das Zeichen des Versschlusses[1]). Die übrigen Verse sind jonisch, wohl auch die beiden letzten:

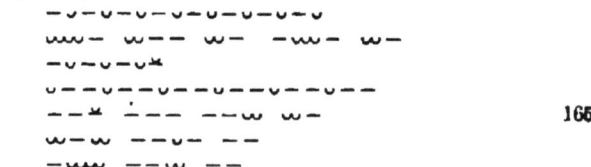

5   165

---

1) Baccheische Hexameter, durch die Umgebung gesichert, sind Amph. 640. 642 in der Monodie der Alcmene; daher auch 638. 635—637 anzunehmen.

Es sind die einfachsten Formen: keine sechssilbigen metra, keine choriambische Anaklasis; Katalexis ◡ – und zweisilbig. Wahrscheinlich sind 6. 7., die den Sotadeen unmittelbar voraufgehen, fallend, mit diesen vielleicht auch ō (*idem nonne?*); dann ist in 6 im zweiten metron die Schlusskürze durch eine Länge ersetzt. 8 ist vielleicht ein anaklastischer, also fallender, Dimeter. 2 wird steigend sein, für *publicitus accipiar* macht es die Wortbetonung wahrscheinlich. Dieser katalektische Dimeter ist derselbe der im Liede des Agathon die meisten Perioden abschliesst: δαίμονας ἔχει σεβίσαι (Thesm. 106. 110 u. s. w.); der katalektische Trimeter vorher derselbe wie ebenda 115 κόραν ἀείσατ' Ἄρτεμιν ἀγροτέραν, von Hephaestion für Anakreon bezeugt p. 40 Διονύσου σαῦλαι Βασσαρίδες (frg. 55); der fallende 6. 7 Sapphos πλήρης μὲν ἐφαίνετ' ἀ σελάνα (53), 5 bereitet die Sotadeen vor.

Auf die Sotadeen folgen 3 baccheische Tetrameter (deren erster Variante zu 172 ist), danach als Schluss dieser Partie die beiden Reihen 176 sq.:

satiust me queri illo modo servitutem: hodie qui fuerim liber,
eum nunc potivit pater servitutis, hic qui verna natus est queritur.

Von den beiden baccheischen Tetrametern *satiust — servitutem* und *cum — servitutis* lösen sich ab die Worte *hodie qui fuerim liber* und *hic qui verna natus est queritur*; jene sind ein regulärer jonischer Dimeter, aber Palmer bemerkt richtig, dass sich in *cum nunc* jonisches Mass fortsetzt. Nimmt man das Verbum hinzu, so stellt sich ein schöner steigender Tetrameter mit der in anaklastischen Formen geläufigsten Katalexis dar; also, mit Hinzunahme der beiden voraufgehenden baccheischen Tetrameter, 174—179:

```
– – – – ◡ – ◡ – – ◡ – ◡
◡ – – ◡ – – ◡ – – ◡ – ◡
◡ – – ◡ – – ◡ – – ◡ – ◡
◡ – – ◡ – – ◡ – – ◡ – –
◡ – – ◡ – –
– – – ◡ – ◡ – ◡ – –
```

3 baccheische, 1 jonischer Tetrameter, baccheischer Dimeter, jonischer Trimeter. Dieser Trimeter schliesst die jonische Partie wie er sie einleitet, am Schlusse erscheint er in anaklastischer Form. So ist 159—179 ein jonisches Lied: in der Mitte stehen stichische Tetrameter, denen eine Gruppe freierer Bildungen voraufgeht und folgt; das Schema ist *a b a*.

Verbunden sind mit den ionici, ausser den Trochäen zu Anfang, lediglich Baccheen; in der ersten Periode eine längere Reihe, in der entsprechenden dritten 3 Tetrameter und vor der jonischen Schlussreihe 1 Dimeter. Diese Verbindung lässt sich auf griechischen Vorgang zurückführen.

Das metron ◡ – – erscheint in den ionici der jüngeren Tragödie und Komödie; zunächst als erstes einer Reihe Eur. Phoen. 1539 und in den beiden folgenden Versen (v. Wilamowitz Isyllos 151); das Kolon ◡ – – ◡ – – Bacch. 908 sq. 402 = 416, 413 = 428 (schwerlich Pherekrateen). Das Mysenlied in den Fröschen beginnt (324):

> Ἴακχ' ὦ πολυτιμήτοις ἕδραις ἐνθάδε ναίων,
> Ἴακχ' ὦ Ἴακχε

mit ∪ — — zu Anfang und dem Dimeter ∪ — — ∪ — — nach dem ersten Verse
(v. Wilamowitz Isyllos 137 sq.). Diesen Dimeter, richtiger das Metron zweimal,
hat auch Sophokles Phil. 1179 unter ionici (v. Wilamowitz 152) und in der Parodie der euripideischen Monodien Aristophanes Ran. 1346 ἴγε δ' ἁ τάλαινα nach
einem daktylischen und einem jambischen, vor ionischen Kola (v. Wilamowitz 155).
Man mag hiernach annehmen, dass in der Folge die Baccheen häufigere Verwendung in ionischen Liedern gefunden haben. Isyllos freilich meidet sie, wie er
die eigentliche Anaklasis und alle Nebenform und Beimischung meidet, vermuthlich weil sie dem Stile des feierlichen Päan fremd sind.

Wie im Liede des Sosia eine stichische Reihe regelmässiger Sotadeen, so
zeigt in der letzten Monodie des Pseudolus die Bezeichnung des Tanzes, den er
agirt, als ionisch den Weg zum Verständniss der metra. Das Lied (1246—1282)
besteht aus 3 durch den Inhalt gesonderten Abschnitten: 1246—1258 die Trunkenheit und ihr Anlass; —1270 Seligkeit eines Liebesgelages, wie es drinnen
zur Siegesfeier begangen wird; —1282 die Tänze die Pseudolus zum besten
gegeben hat und deren Erfolg, der zugleich sein Heraustreten motivirt [1]). Der
erste der 3 Abschnitte zerfällt in 2 Theile: im ersten umgeben 2 Paare baccheischer Tetrameter eine aus 2 kretischen Reihen mit einem trochäischen Kolon
und einem anapästischen Dimeter bestehende Gruppe; der zweite beginnt mit
anapästischem Septenar, versus Reizianus, 2 cola Reiziana, an die sich 6 jambische metra mit Katalexis anschliessen, endlich 2 einzelne jambische Metra. Der
zweite Abschnitt besteht aus einem Satze, den ich in der Anmerkung zu v. 1259 sq.
analysirt habe. Anfang und Schluss bilden trochäische Reihen, das Mittelstück
sind Anapäste engverbunden mit Baccheen, 2 Tetrametern und 2 katalektischen
Dimetern, über deren Messung ich oben S. 14 und 16 zur Genüge gehandelt
habe. Der dritte Abschnitt wie der erste beginnt und schliesst mit je einem Paar

---

1) Hierzu muss bemerkt werden, dass die Handlung eine solche Motivirung nicht verlangte.
In der Handlung lag es, dass Pseudolus dem Simo das Geld abverlangte; dieses Motiv seines Er-
scheinens ist 1239—1245 vorbereitet, es wird unmittelbar nach dem Liede von Pseudolus vorgebracht (1283, 1284) in trochäischen Versen, die den Uebergang von der Monodie zum Schlussduett
des Stückes geben. Auch hatte Simo v. 1245 die Absicht das Geld zu holen und gleich damit
herauszukommen: *nunc ibo intro, argentum promam, Pseudolo insidias dabo*. Er bleibt aber während der langen Monodie im Hause und erscheint erst auf das Klopfen und Rufen des Pseudolus
v. 1283, 1284. Wenn diese beiden Verse (*nunc ab ero ad erum meum maiorem cenio foedus comme-
moratum. aperite aperite, heus, Simoni me adesse aliquis nuntiate*) oder ihr Inhalt unmittelbar auf
1245 folgte, so wäre kein Bedenken. Dies ist der eine auffallende Umstand; der andere, dass jetzt
zwei Motive für das Auftreten des Pseudolus verwendet sind und zwar in der Weise dass sie sich
stossen: v. 1282 heisst es *inde huc exii*, *crapulam dum amoverem*, eine völlig ausreichende Motivirung; dann folgt unvermittelt die andere. Ich sehe hierin den Beweis, dass im Original die
Monodie nicht vorhanden war, dass sie von Plautus eingelegt ist, der die Trunkenheit des Pseudolus ausgebeutet hat, um seinen letzten Akt musikalisch zu beleben.

baccheischer Tetrameter. Ich schreibe das Ganze aus; die Kolometrie ist nur von *occepi* bis *cado* (1277 sq.) bewahrt, meist sind mehrere cola oder Verse zusammengeschrieben:

illos accubantis potantis amantis cum scortis 1271
reliqui et meum scortum ibidem,
cordi atque animo suo obsequentes. sed post
quam exurrexi, orant med ut saltem,
ad hunc me modum intuli illis satis facete, nime ex disciplina, quippe ego
qui probe Ionica perdidici. sed palliolatim amictus 1275
sic haec incessi ludibundus. plaudunt. 'parum' clamitant mi, ut revertar.
occepi denuo, hoc modo: nolui
idem; amicae dabam me meae,
ut me amaret: ubi circumvortor, cado:
id fuit naenia ludo. itaque dum enitor, prox, iam paene inquinavi pallium.
nimiae tum voluptati edepol fui ob casum. datur cantharus, bibi. 1280
commuto ilico pallium, illud posivi; inde huc exii, crapulam dum amoverem.

(überliefert 1273 *corde*, sq. *me ut ut*, 1274 *intulit*, 1276 fehlt *haec* in *CD*, vgl. meine Note; *me* für *mi*, 1278 *tibi* für *ubi*; 1274 *nime* ist = *nimis*: Plaut. Forsch. 207). Nach den beiden Tetrametern (*illos — ibidem*) lässt sich *cordi — exurrexi* allenfalls, aber nur mit Zulassung unerfreulicher Härten und ohne dass irgend der Rhythmus dem Ohr sich aufdrängte, als jambischer Langvers, auch *orant — facete* als trochäischer fassen; nicht so *nimis — perdidici* als trochäischer ohne das unantastbare *Ionica* zu ändern, noch *sed — ludibundus* ohne *haec* aufzugeben, das doch vorzüglich dient den die Tanzbewegung agirenden Pseudolus anschaulich zu machen. Diese Verse sind es, die von jonischem Tanze sprechen und ihn vorführen; sie geben ohne Unterbrechung jonischen Rhythmus (*nimis ex disciplina — ludibundus*): ◡——◡——◡—◡——◡◡—◡◡—◡——◡—◡——◡——◡ ◡——◡——◡—◡ ◡——, 10 metra, deren letztes als Baccheus abschliesst. Nun ist aber in den Worten vorher deutlich gesagt, dass sie bereits den jonischen Tanz begleiten: *ad hunc me modum intuli illis satis facete*; es ist, mit Baccheus beginnend, ein katalektischer Tetrameter, dessen zweites metron die jambische, das dritte die trochäische Anaklasis hat: ◡——◡—◡—◡—◡—◡——[1]. Es bleiben die beiden Zeilen *cordi — saltem*. Ich habe in der Ausgabe *suo* vor *cordi* gestellt und so Baccheen von *suo — saltem* gewonnen; aber *cordi — obsequentes* lässt sich als jonischer Trimeter, *sed — saltem* als Tetrameter lesen, beide katalektisch, freilich nach den ersten beiden metra mit beständiger Contraction: ——◡—◡—◡——————————————. Auch aus 1276 *plaudunt — revertar* ist ein baccheischer Tetrameter gemacht worden; aber auch hier liegt ein reiner jonischer Trimeter vor: ——◡—◡—◡—◡—◡—— steigend, das 2. metron mit der Länge beginnend, das dritte baccheisch, oder auch, mit *mihi*, ——◡—◡—◡—◡—◡. Als sicher

---

1) *satis* jambisch wie Amph. 168. Möglich ist auch, mit Hiatus nach dem 2. metron, ◡—— ◡—◡— ——◡ ◡——, *satis* pyrrhichisch.

jonisch ergibt sich aus dieser Analyse die Versgruppe *ad hunc — ludibundus*, der eigentliche Tanz.

Danach beginnt v. 1277 der neue Tanz, ein andrer *modus*: in einem andern Mass, in Kretikern (*occepi — cado*); dann ein Schlusscolon *id fuit naenia ludo* und für das Nachspiel Trochäen mit einem kretischen Dimeter $+ - \cup - \cup -$; als Schluss, zum Anfang zurückkehrend, die beiden baccheischen Tetrameter.

Aehnlich beginnt Pers. 804, nach einem Einleitungsverse, mit dem Tanze (*vin cinaedum novom tibi dari?*) das neue Metrum; auch hier ist es kretisch, zweimal ein Tetrameter mit akatalektischem Schwänzchen (S. 18): *hui, babae, basilice te intulisti et fucite.* So wird auch im Schlusstanz des Stichus das Metrum gewechselt. Zur *cantio cinaedica* (760) singt zuerst Sangarinus 769:

> qui Ionicus aut cinaedicus⟨t⟩, qui hoc tale facere possiet.

Dass dies jambisch gemeint ist (vgl. Plaut. Forsch. 239), beweist wohl der folgende Vers des Stichus:

> si istoc me vorsu viceris, alio me provocato.

Es sind eben Jamben von der Art, die ihre Familienähnlichkeit mit den ionici an der Stirn tragen. Der zweite *vorsus* aber bewegt sich in Reiziani: *nunc pariter ambo, omnis voco cinaedos contra.* Diese Beispiele lehren deutlich wie das Metrum mit der Tanzart wechselt. Anders Pers. 824: hier tanzen Sagarinio und Toxilus dem Dordalus einen *staticulus* vor, der eine wie ihn Hegea, der andere wie ihn Diodorus *in Ionia* anführte; das wird in trochäischen Septenaren ausgesprochen die, nach Beendigung der Sang- und Tanzscene (818 *iam iam, Paegnium, da pausam*), v. 819 begonnen haben. Der *staticulus* ist, nach dem Namen zu schliessen, ein σχῆμα das in einer grotesken Stellung besteht; wenn auch eine Tanzweise dazu gespielt werden mochte, war es doch nicht, wie bei einem bewegten Tanze, geboten die Worte sich dem Rhythmus fügen zu lassen.

Auch in der Monodie der Astaphium Truc. 95—111 liegt eine zusammenhängende Gruppe jonischer Verse vor. Das Lied besteht aus 2 Theilen, der zweite aus 7 anapästischen Octonaren, der erste aus folgenden gleichfalls 7 Reihen:

> ad fores auscultate atque adservate aedis,   95
> ne quis adventor gravior abaetat quam adveniat
> neu qui manus attulerit steriles intro ad nos
> gravidas foras exportet. novi ego hominum mores;
> ita nunc adulescentes morati sunt: quini
> aut seni adveniunt ad scorta congerrones.   100
> consulta sunt consilia: quando intro advenerunt e. q. s.

(*abaetat* v. 96 nur in *B* gegen *CD* und Priscian (*abeat*); 101 *consilio*). Priscian macht hierzu Bemerkungen (de metr. Ter. 425) die so unnütz sind wie die zum Amphitruo. In den Versen erscheinen sehr selten einzelne Kürzen (6 mal), etwas häufiger Doppelkürzen; das legt den Gedanken an Anapäste nahe. Aber anapästische Messung ist nicht durchzuführen. Verbindung anapästischer Kola mit

Reiziana ist metrisch möglich, aber durch Wortschlüsse nirgend indicirt. Einen sonst geläufigen Rhythmus kehren nur einzelne Verse (98) und Verstheile hervor. Auf jonisches Metrum hat mich der Klang von v. 98 geführt. Dieses ist das Schema:

```
‒ ∪ ‒ ‒    ‒ ‒ *    ‒ ‒ ‒    ‒ ‒ ‒              95
‒ ∪ ‒ ‒    ‒ ∪ ‒    ‒ ‒ ‒    ‒ ∪ ‒
‒ ‒ ∪ ‒    ‒ ∪ ‒    ∪ ‒ ‒    (‒) ‒ ‒
∪ ‒ ∪ ‒    ‒ ‒ ‒    ‒ ∪ ∪ ‒    ‒ ‒
∪ ‒ ∪    ‒ ‒ ‒    ‒ ‒ ‒    ‒ ‒ ‒
‒ ‒ ‒    ∪ ‒ ‒    ‒ ∪ ‒ ‒    ‒ ‒ ‒            100
‒ ‒ ∪ ‒    ‒ ∪ ∪ ∪    ‒ ‒ ‒
```

Es sind auffallend viele Contractionen, aber kein anaklastisches metron ohne reine Senkung. v. 95. 98. 99. 101 sind ohne Anstand als steigende akatalektische Tetrameter zu lesen, wobei in legitimer und besonders dem Isyllos durchaus geläufiger Weise die ersten metra von 95 und 96 die erste Kürze durch eine Länge ersetzen; v. 97 nur mit Hiatus nach *intro*, ohne den der Vers akatalektisch ist (in welchem Falle *intro ad nos steriles* ein deutlicheres Metrum ergeben haben würde), wie auch v. 96 mit *abrat* statt *abaetat* und 95 mit Synalöphe *auscultate atque*. Alle 7 Verse haben Wortschluss nach dem zweiten metron, zweie (95 und 101) mit verschliessender Silbe[1]); wir haben es also in der That mit Dimetern zu thun. Diese heben sich am deutlichsten in v. 98 und 100 heraus. Beide Verse haben als zweite Hälfte (*novi ego hominum mores* und *scorta congerrones*) einen fallenden anaklastischen Dimeter (gleich dem ithyphallicus), mit Länge schliessend, während der erste Dimeter in beiden steigend ist, in 98 anaklastisch (anacreonteus), in 100 rein mit Contraction des ersten Metrums.

So regulär nun jonische Verse sind wie Διόνυσοι σοὺς προφήτας ἐν ἀμίλλαισιν ἀνάγκας oder πολιοὶ μὲν ἡμῖν ἤδη κρόταφοι κάρη τε λευκόν oder ἔτι τοι γέρων ἀοιδὸς κελαδεῖ μναμοσύναν so selten wird man in wirklichen ionici der griechischen Lyrik einen steigenden mit einem fallenden Dimeter verbunden finden. Anakreons τὸν λυροποιὸν ἠρόμην Στράττιν εἰ κομήσει zeigt diese Verbindung; es ist daher wohl möglich, dass sie später wieder häufiger wurde. Ohne Bedenken wäre es, einen jonischen Dimeter mit ithyphallicus verbunden anzunehmen. Aber die Verse 98 und 100 haben die stärkste Aehnlichkeit mit dem archilochischen, dem attischen Drama in Komödie und Tragödie geläufigen, von Diphilos noch verwendeten (Athen. 11, 499°) Verse Ἐρασμονίδη Χαρίλαε χρῆμά τοι γελοῖον, dessen erstes Glied auch die Freiheit der reinen Sendung und dadurch eine noch gesteigerte Aehnlichkeit mit dem anacreonteus hat. Ja auch mit dem Sotadeus, wenn er das zweite und dritte metron anaklastisch bildet, ist diese Versart zum Verwechseln ähnlich. Man vergleiche nur die Verse des Sotades (Athen. 14, 621°):

---

1) v. 95 habe ich sehr zweifelnd so angesetzt.

ὁ δ' ἀποστεγάσας τὸ τρῆμα τῆς ὄπισθε λαύρης
διὰ δενδροφόρου φάραγγος ἵξωσι βροντήν

oder des Lukian Tragodop. 123 *ἴσθι νέμεται φλέγει κρατεῖ κυρεῖ μαλάσσει* (vgl.
117. 120. 122) oder Amph. 171 *quodcumque homini accidit libere posse retur.* Man
darf sich freilich hierdurch nicht verleiten lassen, ein Kolon ‿‿ — ‿ — ⨯ — — andern als steigend zu lesen; sollte *gravidas foras exporta* fallend sein, so müsste
man scandiren ‿‿ — ‿‿ — — —, etwa wie Maximus v. 2 *ἀέρι τὸ ποθεινὸν ψυχῆς*
πνεῦμ' ἱκανείναι. Ueberhaupt wäre es, wie sich jeder überzeugen kann, nicht
schwer aus den vorhandenen Silben 7 Sotadeen nach dem Schema herauszuscan-
diren; aber recitiren lassen sich diese Sotadeen nicht, und wie Plautus die seinen baute zeigt der Amphitruo. Sehr verständlich aber ist es, dass Plautus dem
Verse Ἐρασμονίδη Χαρίλαι, der ihm mit jonischem Masse so eng verwandt erscheinen musste (und es in der That vielleicht ist), Aufnahme unter seine jonischen Verse gewährt hat[1]).

Im Liede des Messenio Men. 966 sq. sind die beiden Verse 977. 978:

id ego male malum metuo: propterea bonum esse certumst potius quam malum;
nam magis multo patior facilius verba. verbera ego odi

unter keines der bisher angewendeten Masse zu bringen, obwohl Verse und cola
verschiedener Gattungen sich leicht herausschneiden lassen. Es folgen 2 jambische Septenare mit schliessendem Reizianum; gewiss sind auch jene beiden
Verse eines Metrums:

‿‿‿‿ — ‿ — — ‿ — ‿ — ‿ — ‿ — ‿ —
— ‿ — ‿ — — ‿ — ‿ — ‿ ‿ — ‿ — ‿ —

d. h. 10 steigende ionici oder zwei Pentameter *(id — potius, quam — odi).*

Die Monodie des Menaechmus 110—122 besteht in ihrem zweiten Theil (119 sq.)
aus einem trochäischen Octonar und 5 jambischen Dimetern, ohne Verschluss aber
auch ohne Katalexis; im ersten aus 5 kretischen Tetrametern, die durch eine
aus 2 daktylischen cola (katal. Tetrametern) bestehende Reihe unterbrochen werden. Voranf gehen 2 Verse, deren erster choriambisch ist, der zweite ein glyconeus mit ithyphallicus[2]). Die zweite Hälfte von v. 110 *ni mala ni stulta sies*
ni indomita imposque animi ist mehrdeutig; es kann ein Vers sein wie τὸν Σεμέ-
λας τὸν παρὰ καλλιστεφάνοις εὐφροσύναις (Eur. Bacch. 376) oder ἀσπίδα ῥίψας
ποταμοῦ καλλιρόου παρ' ὄχθας (Anacr. 28); schwerlich ein choriambisch-jonischer
Dimeter mit ithyphallicus. Denselben Vers hat in der gewöhnlichen choriambischen Form (wie Anacr. 28) Terenz in der Monodie des Aeschinus Ad. 610 sq.
zweimal hintereinander[3]), gefolgt von 3 Choriamben; vorher geht das daktyli-

1) Die Verse Truc. 448—452 (die erste Periode einer Monodie der Phronesium) lassen sich
jonisch messen, wie Palmer zu Amph. S. 143 bemerkt. Dasselbe gilt von vielen Versgruppen, die
nach der häufigsten Analogie anapästisch gelesen werden; darauf einzugehen verlohnt nur wo
sichere Kriterien vorhanden sind.

2) Rhein. Mus. 40, 198.

3) Auch hier in *membra metu debilia sunt animus timore* syllaba anceps am Schlusse des
2. metron.

sche Kolon *discrucior animi* — ᴗ — ᴗ — und vielleicht ein Reizianus, es folgt
3 mal das Kolon — ᴗ — — — (oben S. 21), dann Trochäen. Ferner: wie Men. 110
der choriambische Vers einer kretischen Periode voransteht, so ist er (wie Men.
114 der daktylische) zwischen cretici, welche die Monodie des Argyrippus Asin.
127—137 ausmachen, eingesprengt v. 133: *perlecebrae permities adulescentum exi-
tium*; hier ist durch das 3. Metron der jonische Charakter des Verses deutlich
gekennzeichnet: — ᴗ — — ᴗ — ᴗ — — — ᴗ — [1].

In allen diesen Fällen haben wir die jonischen Verse in enger Verbindung
mit kretischen Liedern oder Versgruppen gefunden und erinnern uns dabei der
Verwandtschaft zwischen jonischem und kretischem τρόπος, die sich in Pseudolus
und Persa herausgestellt hat. Dies führt hinüber zur Scene der Casina 621—
712 (III 5). die mit einer aus 8 Tetrametern, deren letzter trochäisch ausgeht,
bestehenden kretischen Monodie der Pardalisca beginnt. Diesen 8 Versen schliesst
sich ein neunter in dem aus Menaechmi Asinaria Adelphi bekannten choriambischen Masse an, und darauf unmittelbar folgt als Anfang eines grossen Duetts
eine Gruppe jonischer Verse. Das Duett besteht aus 2 Abschnitten. Der zweite
(647—712) ist im wesentlichen baccheisch, mit dem colon Reizianum (S. 16) untermischt; er zerfällt in 3 Theile, deren erster durch 2 anapästische (660. 661), der
zweite wie der dritte durch trochäische Verse (677—681; 705—708) abgeschlossen werden; das Ganze schliesst das jambische System 709—712 (S. 33). Der
erste Abschnitt zerfällt in 2 Theile: 629—640 jonisch mit daktylischen cola,
durch 2 jambische Verse beschlossen; 641—646 wieder 3 kretische Tetrameter,
dann 1 dactylischer, 1 jonischer, 1 anapästischer Vers, also dieser zweite Theil
auf die Monodie zurückgreifend.

Auf den ersten Abschnitt des Duetts muss ich etwas näher eingehen, obwohl das Nöthige in meiner adnotatio gesagt ist. Die Monodie schliesst *eripite
isti gladium quae suist impos animi* — ᴗ — — ᴗ — — ᴗ — — — ᴗ — Doch kann
suist pyrrhichisch gefasst werden und das 3. metron auch die choriambische Form
erhalten [2]. Es ist offenbar derselbe Vers wie Men. 110 wo er am Anfang, wie
Asin. 133 wo er in der Mitte einer Gruppe von cretici steht. Nun greift Lysidamus ein:

Nam quid est quod haec̈ huc timida atque exanimata exsiluit foras? 630
Pardalisca. Perii, unde meae usurpant aures sonitum?
Respice modo ad me. O ere mi. Quid tibist? quid timida es? Perii.
Quid, periisti? Perii et tu periisti. A perii? quid ita?
Vae tibi. Immo, vae tibi sit. Ne cadam, amabo, tene me.
Quidquid est, eloquere mihi cito. Contine pectus, 635
face ventum, amabo, pallio. Timeo hoc negoti quid siet,
nisi haec meraclo se uspiam percussit flore Liberi.

(630 *exsilivit A* statt *exiluit foras*; 631 *sonum A*; 632 *o* fehlt in *P*; 633 *tibi* statt *ita P*; 634 *immo istuc tibi sit P*; 635 *loquere A*). Dass die Verse trochäisch an-
fangen hat dazu verleitet sie trochäisch durchzumessen; aber es sind keine Tro-
chäen, der vermeintliche Ausgang $-\cup-\cup-\cup$ erscheint nirgend mit auch nur
einer reinen Senkung; das ist bei stichischer Verwendung eines seltnen Versge-
bildes undenkbar.　Die metra von 629—635 sind folgende:

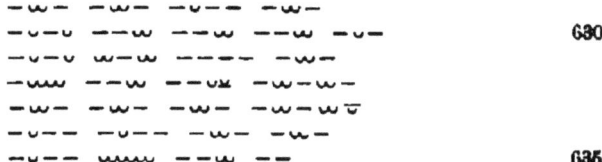

630

635

Es sind sämmtlich fallende ionici, verbunden in v. 632 und 633 mit dem daktylischen colon $-\cup\cup-\cup\cup-$, mit dem Terenz sein canticum beginnt (*dicrucior animi*).
Der Vers den Lysidamus allein spricht, ehe er Pardalisca anruft (630), ist ein
katalektischer Pentameter, die Form der Katalexis $-\cup-$ beweist den auch sonst
unzweideutigen fallenden Rhythmus.　631 und 634 sind akatalektische Tetrameter; auffallend ist im 3. metron von 631 die Anaklasis ohne reine Senkung
(die Stellung *usurpant meae* würde den Anstoss heben, das metron hätte dann
die Form $--\cup-$, wie auch das 3. metron in 632 gelesen werden kann); aber
doch theoretisch nicht bedenklicher als ebensolche trochäische und jambische
metra. v. 632. 633 haben jeder vor dem daktylischen colon 3 jonische metra,
632 reine[1]), nur mit einer Auflösung, 633 choriambische.　Endlich 635 schliesst
die Gruppe durch seine katalektische Form.　Es ist ein einfacher Sotadeus,
das zweite metron ganz aufgelöst wie in *πόδα γόνυ κοτύλην* (Luk. Trag. 121)
das erste; es ist gewiss kein Zufall, dass diese Häufung von Kürzen auf die
Worte *eloquere mihi cito* trifft; ich erinnere nur an den wegen derselben Häufung
vielbezweifelten Vers des Platon (schol. Eur. Hec. 838) *ούτος τίς εί; λίγε ταχύ,
τί σιγᾷς; ούκ έρεῖς;* oder den Sotadeus des Kinesias (Wilamowitz Isyllos 155)
Ar. Av. 1395 *τόν άλάδρομον άλάμενος ἅμ' άνέμων πνοαῖσι βαίην* ⏑⏑⏑⏑ ⏑⏑⏑⏑
$-\cup-\cup--$. Im 3. metron ist *contine* daktylisch, nach vielen Analogien (Plaut.
Forsch. 293).　Die unmittelbar anschliessenden jambischen Verse zeigen wie
sehr sich Plautus der Verwandtschaft des jonischen und jambischen Masses
bewusst ist.

　　Auf das Duett des Lysidamus mit Pardalisca folgt Cas. III 6 eine neue
Gesangscene, der ein anapästischer Vers des Lysidamus voraufgeht; diesen
kann man beliebig zu dem folgenden System ziehen, mit dem Olympio und der
Koch beginnen.　Es hat bis zur Katalexis 21 metra; in den vorletzten Dimeter

---

1) Dabei sind *me* (*med*) und *o* (*oh A*) als Längen angesetzt, was für *o* vor Vocal nicht
unbedenklich ist; fasst man *o* als Kürze, also *od mi ō ere*, so entsteht die Messung $-\cup\cup\cup\cup$
$-\cup\cup\cup$, mit Hiat nach *modo*, wie er auch Asin. 813 und Rud. 1069 überliefert ist.

greift Lysidamus ein, von hier an schweigt der Koch und es geht im Duett weiter. Die anapästische Partie wird durch 3 Octonare abgeschlossen. Es folgt die zweite Periode des Liedes, in der Kolometrie des Ambrosianus (mit der die Palatini, in denen jetzt die kleinen Verse mit den grösseren verbunden sind, vielleicht ursprünglich übereinstimmten):

Dabo tibi
μέγα κακόν,
ut ego opinor, nisi resistis. Ὦ Ζεῦ,   730
potin a me abeas,
nisi me vis
vomere hodie?
Mane. Quid est? quis hic est homo?
Erus sum. Quis erus? Cuius tu servo's. Servos ego? Atque meus.   735
Non sum ego liber?
memento, memento. Mane atque asta. Omitte.
Servos sum tuos. Optumest. Opsecro te,
Olympisce mi, mi pater, mi patrone. Em,
sapis sane.   740
Tuos sum equidem.
Quid mi opust servo tam nequam?
Quid nunc? quam mox recreas me?
Cena modo si sit cocta.

(738 fehlt *te* in *P*, 739 *mi* vor *pater* in *A*; 742 *servo opus est P*). Die Verse 734—739 lesen sich leicht: ein trochäischer (oder auch jambischer) Dimeter, anapästischer Dimeter mit Reizianum, dies Kolon wiederholt; dann 3 baccheische Tetrameter. Am Schluss stehen 3 paroemiaci; 742 könnte (mit *mihi*) auch akatalektisch sein; das letzte Kolon ist eingerückt, vielleicht um es (mit *modo*) als jambisch zu bezeichnen. Es bleiben die kurzen cola 728—733 und 740. 741, mit deren Aussonderung der Urheber der Kolometrie natürlich eine Absicht verbunden hat. 732. 733 und 740. 741 passen auf das Schema ∪∪——∪∪∪—, und doch wohl nur auf dieses. Nun kann man *dabo — resistis* kretisch-trochäisch und *ὦ Ζεῦ — hodie* anapästisch messen (jambische cola sind durch nichts indicirt); aber wenigstens der Absicht und Ansicht jenes Metrikers, der freilich in nicht höherem Grade als Heliodor für uns Autorität ist, muss man doch zunächst nachgehn und sehen ob sie haltbar ist. Danach ergibt sich (mit *med*):

∪∪ —
∪∪ —
∪∪ — —   ∪∪ — ∪ — —
∪ — —   ∪ — —
∪ — —   ∪∪∪ —

und 740. 41

∪ — —   ∪∪∪ —

Das bedeutet: creticus, creticus, das Kolon —∪—∪ mit ithyphallicus (wie Pseud.

922, oben S. 18); jonischer Dimeter zuerst katalektisch, dann akatalektisch; 2 jonische akatalektische metra wieder 740. 41, alle steigend. Diese jonischen metra sind verbunden mit Kretikern, das andre mal mit Baccheen, also in beiden Fällen mit Massen die uns als den Jonikern nahe verwandt wohl bekannt sind. Es folgen 744—748 Anapäste und Daktylen; dann die letzte Periode des Duetts. 749—768, ganz bestehend aus Reiziani, d. h. jamb. dim. + 6 cola Reiziana, dim. + 3 cola, dim. + colon.

Dass der Vers mit dem die kleine Monodie der Pardalisca 815—821 beginnt ein guter jonischer Tetrameter ist. habe ich zur Stelle angemerkt. Der nächste Vers ist unsicher, vielleicht kretisch mit Kolon (wie zur Stelle bemerkt), vielleicht 3 jambische metra, nicht als Senar gebaut (*cosyrs iter incipe hoc uti viro tuo*), dann ithyphallicus. In beiden folgenden Scenen sind verstümmelte und sonst metrisch zweifelhafte Verse, die ich jetzt beiseit lasse. Nur von v. 935. 936:

Quid nunc? satin lepide aditast vobis manus? Merito.
sed concrepuerunt fores. num illa me nunc sequitur?

will ich bemerken, dass im ersten als versus Reizianus genommen die Betonung von *lepide*, im zweiten die Prosodie von *illa* bedenklich macht. Dagegen sind beide Verse schöne Sotadeen:

— — ∪∪ ∪∪∪∪ — — — ∪∪ ∪ — —
— — ∪ — — ∪∪ — ∪ — ∪ — —

Auch 934 *sed ubist palliolum tuom? hic intus reliqui* lässt sich hinzunehmen: ∪ — — ∪ — ∪ — — ∪ — —. Andere Verse dieser Scenen bespreche ich an andrer Stelle.

3.

Das Plautus glyconeische Verse angewendet hat[1]), habe ich Rhein. Mus. 40, 196—201 nachgewiesen und die mir damals bekannten Stellen nach Massgabe der alten Komödie analysirt. Das neue Material und die neuen Gesichtspunkte haben an der metrischen Auffassung hier nichts wesentliches geändert; aber der Zusammenhang, in den ich die Dinge bringen muss, nöthigt mich doch auch die erledigten Stücke wieder mit vorzuführen.

In dem Duett Bacch. 979—996ª (s. oben S. 31. 36) bildet den Kern der Mittelpartie folgende kurze Versgruppe (989 sq.):

ut scias quae hic scripta sient.
Nil moror neque scire volo.
Tamen ades. Quid opust? Taceas.
quod iubeo id facias. Adero.

---

1) Die Frage nach dem ursprünglichen Zusammenhange von Jamben, Jonikern und Glyconeen ist im Flusse, vgl. v. Wilamowitz Orestie II 154 und sonst, Weil Bull. de corr. hell. 19, 413 sq., Kaibel Elektra 93, Zielinski Philol. 55, 528. 540, Steurer de Aristophanis carminibus lyricis (Diss. Strassburg 1906) 17. Ich brauche nicht darauf einzugehen, da es sich für Plautus nur um Uebernahme ausgeprägter Formen handelt.

Das Versschema ist $\smile\underset{\smile}{\smile}-\underline{\smile}-\smile-$. Die letzte Senkung besteht überall, die vorletzte mit einer Ausnahme aus 2 Kürzen, die erste mit einer Ausnahme aus einer Kürze; die erste Hebung ist einmal aufgelöst. Der letzte Vers erscheint rein dactylisch. Wie geläufig diese Formen des glyconeus der Komödie und der jüngeren Tragödie sind ist bekannt; ich greife zur Ergänzung der Rhein. Mus. 40, 197 angeführten Komödienbeispiele ein paar euripideische Verse beliebig heraus: Bacch. 115:

> Βρόμιος εὖτ᾽ ἂν ἄγῃ θιάσους
> εἰς ὄρος εἰς ὄρος ἔνθα μένει

Or. 831:

> τίς νόσος ἢ τίνα δάκρυα καὶ
> τίς ἔλεος μείζων κατὰ γᾶν

Iph. T. 1130:

> ἀείδων ἕξει λιπαρὰν
> εὖ σ᾽ Ἀθηναίων ἐπὶ γᾶν

Hel. 1312:

> τὰν ἁρπασθεῖσαν κυκλίων
> χορῶν ἔξω παρθενίων.

Dazu kommen nun mit im wesentlichen gleicher Technik (polyschematistischer Form und Auflösung) die delphischen Hymnen, wenigstens die jüngeren; denn der des Philodamos, der älteste, hat zwar die Auflösung aber nicht die Doppelkürze vor der schliessenden Senkung[1]). Im Hymnus des Aristonoos[2]) z. B. v. 37 τριετέσιν φαναῖς Βρόμιος, 41

> ἀλλ᾽ ὦ Παρνασσοῦ γυάλων
> εὐθρόσοισι Κασταλίας,

im glyconeischen Schlussgebet des zweiten kretischen Hymnus v. 35[3]):

> [ἀλλ᾽ ὦ Φοῖβε] σῷζε θεό-
> κτι[σ]τον Παλλάδος [ἄστυ καὶ
> λαὸν κλεινόν, σύν] τε θεὰ
> τόξων δέσποτι Κρησία[ν.

Wenn sich bei Euripides lauter zweikürzige Senkungen finden (Bacch. 115 Or. 831), so wird man die Reihe daktylisch nennen; für Plautus liegt es näher anzunehmen, dass er $-\smile-\underline{\smile}-\smile-$ und $-\underline{\smile}-\underline{\smile}-\smile-$ als identisch angesehen hat. Denn für diese und alle ähnlichen glyconeischen Verse und Versgruppen stellt sich als das Gemeinsame und Charakteristische heraus, dass er die Senkung vor der letzten Hebung aus 2 Kürzen bestehen lässt[4]).

---

1) Das Schema bei Weil Bull. de corr. hell. 19, 399.
2) Die Formen bei Crusius die delph. Hymnen 24.
3) Nach Weils Ergänzung Bull. de corr. hell. 18, 355.
4) Auch sapphische 'Elfsilbler' mit 2 Dactylen gibt es in der römischen Poesie, aber erst bei Seneca, Verse wie *sumere innumeras solitum figuras*, d. h. Zwölfsilbler (die Stellen bei B. Schmidt

Das Duett Epid. 533—546 besteht aus zwei Theilen. Im ersten beobachtet Periphanes die Philippa, die ihm bekannt vorkommt, diese sucht sein Haus (— 537), im zweiten erkennen sich die beiden und gehen auf einander zu (540—546); die beiden Theile werden durch 2 kretische Verse verbunden, die stark bewegten Inhalts sind: Periphanes kommt auf den Gedanken, dies sei Philippa, Philippa erblickt den Periphanes und erinnert sich ihn zu kennen (538. 539)[1]). Der zweite Theil ist anapästisch im Anfang, dann trochäisch. Den ersten setze ich her:

> Quis illaec est mulior, timido
> pectoré peregre adveniens
> quae ipsa se miseratur? In his
> dictus locis habitare mihi
> 5 Periphanes. Me nominat haec;
> credo ego illi hospitio usus venit.
> Pervelim mércedem dare qui
> monstret eum mi hominem aut ubi habitet[2]).
> Noscito ego hanc, nam videor nescio ubi mi vidisse prius.

Das Schema der ersten 7 Verse ist dasselbe wie Bacch. 989 sq., nur ist im ersten die erste Senkung eine Länge statt einer oder zweier Kürzen; 4. 6. 7 sind daktylisch, 2. 3 gleich den beiden ersten Bacch. 989, 5 gleich dem dritten mit Länge in der zweiten Senkung wie τίς ἔλεος μείζων κατὰ γᾶν. Der 8. Vers hat die Form —‿‿—‿‿—‿‿—, das ist ein um eine Silbe fortgesetzter glyconeus, eine Reihe die grade als Abschluss einer glyconeischen Periode legitim ist, vgl. Wilamowitz zu Hipp. p. 190, Her.[1] II 147 und die Verse Hipp. 68:

Her. 676:
> ναίαις εὐπατέρειαν εὔ-
> λὰν Ζηνὸς πολύχρυσον οἶκον,

> μὴ ζῴην μετ' ἀμουσίας (690 εἱλίσσουσαι καλλίχοροι)
> αἰεὶ δ' ἐν στεφάνοισιν εἴην.

Ich halte es danach nicht für rathsam, habet statt habitet zu schreiben, um so weniger als die 8 Verse durch Synaphie verbunden sind. Der 9. Vers wäre durch Umstellung von mi vor videor in 2 daktylische Glyconeen aufzulösen. Aber von selbst ergibt der Vers 3 Choriamben, κατὰ μέτρον gebaut, mit dem Abschluss ———‿‿, den man sowohl als das glyconeische Kolon Maecenas

---

de emendandarum Senecae trag. rationibus 71 sq.). Dies mit Bergk poet. lyr. III 171 auf metrische Lehre zuruckzufuhren geht nicht an, da die von Seneca befolgte Theorie den Vers nur als hendecasyllabus kennt (Caes. B. p. 258).

1) v. 537 wird wohl richtiger auch zu dieser Gruppe gezählt.

2) In der adnotatio habe ich ein paar Aenderungen vorgeschlagen, von denen ich jetzt sehe dass sie nicht nöthig sind; nur 4 ist dictust überliefert (A nicht zu lesen), man kann das est natürlich auch nach mihi unterbringen. 6 stand in A credo ego illi usus hospi —; wenn der Vers ausging hospitio est, so ist das auch ein richtiger glyconeus. — In A sind je 2 Glyconeen verbunden, in P ist die Ordnung gestört, war aber wohl ursprünglich dieselbe.

atavis wie als dactylische Tripodie auffassen kann, in welchem Falle der Vers
völlig den jonischen Cas. 632. 633 entsprechen würde (s. S. 46). Für die Verbindung der äolischen und jonischen Verse brauche ich nur auf das eben citirte
Lied des Herakles und auf den Hymnus des Philodamos hinzuweisen — wenn
es dessen bedarf; und für den Uebergang zu kretischen Versen (538. 539) auf
Alles was wir über die Verbindung von ionici und cretici bei Plautus gefunden
haben.

Von der Monodie des Menaechmus 110—122 habe ich S. 45 gehandelt.
Wir finden da zwischen Kretikern v. 114 die beiden daktylischen cola

> nam quotiens foras ire volo,
>
> me retines revocas rogitas,

die auch in diesem Falle unter die Glyconeen gerechnet werden müssen; denn
vorauf geben 2 kretische Verse und vor diesen die Anfangsverse des Liedes:

> ni mala, ni stulta sies, ni indomita imposque animi,
>
> quod viro esse odio videas,   tute tibi odio habeas,

d. h. der oben besprochene jonisch - choriambische Vers und $-\cup-\omega-\omega-$
$-\cup\omega\omega\cup\omega-$ ein glyconeus mit ithyphallicus. Es sind also genau dieselben Elemente in andrer Verbindung, die uns hier und im Epidicus begegnen. Dieselbe
Reihe glyc. + ithyph. $-\cup--\omega-$ $-\cup--\omega-$ finden wir Most. 832, wo sie,
wiederum nach einem kretischen Tetrameter, das canticum abschliesst:

> hoc die crastini quom erus resciverit,
>
> mane castigabit eos   bubulis exuviis.

Dazu kommt Rud. 952. 953, auch hier nach kretischen Tetrametern (949—951):

> si fidem modo das mihi te   non fore infidum.
>
> Do fidem tibi, fidus ero,   quisquis es. Audi.

Hier ist das Schema $-\cup-\omega-\omega-$ $-\cup---$, über das schliessende Kolon
habe ich S. 21 gesprochen.

Die Scene Epid. 320—336 zwischen den beiden Jünglingen ist buntgemischt
aus kretischen, jambischen, trochäischen, anapästischen Versen. An sie schliesst
sich ein Monolog des Epidicus in jambischen Septenaren; die ersten beiden
spricht er zu dem Herrn zurück, in der Thür stehend, die letzen Worte *hoc
quidem iam periit* zum Publicum. Die Thür ist nun geschlossen, er bleibt vor
ihr stehn und apostrophirt höhnisch den Geprellten im Hause (339):

> ne quid tibi hinc in spem referas, oppido hoc pollinctumst;
>
> crede modo mihi: sic ego ago, sic egerunt nostri.

Dann tritt er vor, dankt den Göttern, will abgehn seinen jungen Herrn zu
suchen und erblickt ihn nun mit dem Freunde. Die beiden Verse zu Septenaren
zu machen ist weder schwer noch leicht. Da sie einen Anstoss nicht geben
und durch Spiel und Inhalt gesondert sind, muss man versuchen die Ueberlieferung metrisch zu erklären. Der zweite Vers ergibt ohne weiteres das
bekannte Schema $-\omega-\omega-\omega-$ $-----$, der erste, wenn man *ne* als

Kürze fasst (zu Aul. 340; vielleicht richtiger so als *quid* für kurz gelten zu lassen), das entsprechende $\smile\smile ---\smile-\ \ -\smile---$.

Pers. 29 steht in einem zwischen jambischen und trochäischen Versen und Systemen wechselnden Duett (oben S. 32) zwischen Trochäen:

> basilico agito eleutheria.

Der Inhalt hebt die Worte besonders hervor; sie gestatten keine andere Messung als $\smile\smile\smile -\smile\smile$, das ist ein glyconeus, mit Auflösungen der beiden ersten Hebungen.

Einen Schritt weiter führt das Lied des Lysidamus Cas. 937—956. Er stürzt aus dem Hause mit den dactylischen Versen, die wir kennen:

> Maxumo ego ardeo flagitio
> nec quid agam meis rebus scio
> nec meam ut uxorem aspiciam
> contra oculis, ita disperii.

Die cola sind durch Synaphie verbunden. Es folgen trochäische cola (S. 14), dann in der verstümmelten Partie 941—947 wie es scheint anapästische und trochäische Verse. 948 ist ein kretischer Tetrameter, dann 949—956 (v. 953 setzt *A* ein):

sed ecquis est qui homo munus velit fungier pro me?

quid nunc agam nescio, nisi ut improbos famulos imiter ac domo fugiam.

nam salus nullast scapulis, si domum redeo.

nugas istic dicere licet. vapulo hercle ego invitus tamen   953
> etsi malum merui.

hac dabo protinam et fugiam. Heus, sta ilico, amator.

> Occidi, revocor. quasi non audiam, abibo.

v. 954. 955 sind in *P* in eine Zeile geschrieben. Zwei Stellen geben Anstoss: im vorletzten Verse kann *me* bei *dabo* nicht entbehrt werden, wie es denn Camerarius bereits zugesetzt hat (vgl. Curc. 363 *exinde me ilico protinam dedi*); und zwar darf es der Regel nach nicht vor *hac* stehen[1]), ob es unmittelbar nach *hac*, *dabo* oder *protinam* zu setzen ist muss das Metrum entscheiden (das, wie wir sehen werden, intact ist). Ferner v. 953 kann *nugas istic dicere licet* nicht richtig sein: 'gehe ich wieder nach Haus, so sind mir die Prügel sicher, denn herausreden kann ich mich nicht mehr; verdient habe ich die Prügel auch, aber ich mag sie doch nicht; so werde ich davonlaufen'. Das positive *nugas istic dicere licet* (wie er es in der Scene II 3 gethan hat) ist, wie man sieht (und Ussing bemerkt hat), widersinnig; verlangt wird nicht nur die Negation, sondern 'nicht mehr'. Was das Metrum angeht, so läuft der kretische Rhythmus bis *nescio*, dann wird er unterbrochen; der trochäische, der dann zu beginnen scheint, hört schon mit *salus* auf. Die 'dactylischen' Reihen im Anfang des Liedes rathen dazu es mit Glyconeen zu versuchen, und die Krotiker geben, wie wir nun wissen, eine gute Fährte. Die Verse sind folgende:

---

1) Kaempf de pronom. person. usu et collocatione 80. Eine Stellung wie Merc. 1001 *animus rursus te huc inducet* ist selten.

> sed ecquis est qui homo munus velit fungier
> pro me? quid nunc agam   nescio nisi ut   950
> improbos famulos imiter   ac domo fugiam.
> nam salus nullast scapulis   si domum redeo.
> nugas istic dicere (iam   non ut ante) licet.
> vapulo hercle ego invitus tamen   etsi malum merui. hac
> ⟨me⟩ dabo protinam et fugiam. Heus   sta ilico, amator.   955
> Occidi, revocor. quasi non   audiam, abibo.

Die Verse 951—956 beginnen sämmtlich mit dem glyconeus in der festen Form
—∪—◡—◡—, nur 953 (dessen Ergänzung natürlich nur zeigen soll dass der
Vers in der Reihe stehen kann) bildet die Senkungen wie τὰν ἁρπασθεῖσαν κυ-
κλίαν. Darauf folgt 951. 952 das Kolon —∪—◡—, 954 dasselbe steigend
——∪—◡—[1]). Als zweites Kolon v. 955 das Reizianum anzusetzen (wie es ja
auch 954 möglich wäre) widerräth der folgende Vers. Aber sehr wirksam ist
es, dass mit dem Einspringen des Chalinus in die Monodie, das dieser ein jähes
Ende bereitet, das Schlusskolon sich ändert: ein anderes logaödisches tritt für
das bisherige ein, —◡—— der sogenannte adonius, und wiederholt sich im folgenden, dem Schlussverse der Monodie. Fragen kann man noch, ob die Ueberleitung von den Kretikern zu den Glyconeen nicht besser als durch das (übrigens
grade in dieser Verbindung ganz gewöhnliche) trochäische Kolon nescio nisi ut
durch das mit den folgenden Schlusskolon identische nescio nisi uti hergestellt wird.

Als ich die metra dieses Liedes erkannt hatte, verglich ich mit ihnen die
Verse Curc. 155—157, die ich in der Ausgabo als Sotadeen analysirt habe, wie
sie sich dem παρακαταλογθρον wohl anschliessen würden:

> ro spicio nihili meam vos gratiam facere.
> at tace tace. Taceo hercle quidem. Sentio sonitum.
> tandem edepol mihi morigeri pessuli fiunt.

Aber dass sich dreimal, auch durch Wortschluss, die dactylische Reihe —◡—◡—◡—
sondert, dass dann dreimal das Kolon —◡∪—◡— folgt, nur einmal mit Contraction der zweiten Senkung, dass also in all diesen Versen nur gratium, sentio,
pessuli, und zwar in so identischer Bildung, als Senkung die Kürze zeigen,
deutet doch mit Bestimmtheit darauf, dass die Verse mit Cas. 951 sq. und den
vorher besprochenen zusammengehören. Die Contraction pessuli fiunt kommt
freilich in dem Kolon —∪—◡— sonst nicht vor und es ist vielleicht richtiger,

_____

[1] Es wäre leicht den Vers gleichzumachen, indem man tametsi setzte, dreisilbig wie sicher
Pseud. 244; so ist tamen etsi für tam etsi geschrieben Pers. 362 (AP) Trin. 679, vgl. Stich. 27.
Aber auch Stich. 1 sq. steht das fallende neben dem steigenden Kolon; die syllaba anceps zwischen
den beiden cola von 954 erinnert daran, dass Mil. 1209 tamen und etsi durch den Vers getrennt
sind (vgl. Braune obs. gramm. et crit. 1-81 p. 44). Sonst besteht von 951 bis 956 Synaphie (vor-
und nachher Hiatus), daher habe ich hac an v. 954 gehängt (vgl. z. B. v. 643); man könnte sonst
me hinter dabo setzen und gewönne so die dactylische Form des glyconeus.

das zweite Kolon aller 3 Verse mit dem von Rud. 952. 953 zu identificiren,
vgl. Ter. Ad. 610 sq., oben S. 21.

—∪ -∪— ist das Kolon ἦλθες ἐκ κεράτων (*Maecenas atavis*), das die Les-
bier mit —∪—∪— γᾶς ἐλεφαντίναν (*edite regibus*) verbunden haben; z. B. in der
Strophe Eur. Her. 674 sq. erscheint sowohl μολπᾶν καὶ Λίβυν αὐλὸν οὔπω κατα-
παύσομεν ———∪—∪— -∪—∪— wie ὑμνοῦσ᾽ ἀμφὶ πύλας τὸν Λατοῦς εὔπαιδα
γόνον ———∪— ————∪—. Bei Plautus finden wir gradezu stichische
Verwendung so verbundener Reihen, aber doch so dass die Beweglichkeit der
Verbindungen nicht aufgehoben wird. Für die Verbindung des steigenden
Kolons ∪—∪—∪— mit dem glyconeus führe ich ein paar Stellen an: Eur.
Hel. 1302:

> μάτηρ θεῶν ἐσύθη
> ἀν᾽ ὑλάεντα νάπη
> ποτάμιόν τε χεῦμ᾽ ὑδάτων
> βαρύβρομόν τε κῦμ᾽ ἅλιον.

Io 112:

> ἔγ ὦ νεηθαλὲς ὦ
> καλλίστας προκόλευμα δάφνας,
> ἃ τὰν Φοίβου θυμέλαν
> σαίρεις ὑπὸ ναοῖς
> κήπων ἐξ ἀθανάτων,
> ἵνα δρόσοι τέγγουσ᾽ ἱεραί etc.

Dergleichen ist leicht zu häufen; statt anderer möge noch die Parodie aus den
Fröschen gelten, 1348:

> εἱειλίσσουσα χεροῖν,   ∪——∪—
> κλωστῆρα ποιοῦσ᾽ ὅπως   ——∪—∪—
> κνεφαῖος εἰς ἀγορὰν   ∪—∪—∪—
> φέρουσ᾽ ἀποδοίμαν   ∪—∪——

die unmittelbar zu dem das Kolon ∪—∪—∪— stichisch verwendenden Liede des
Plautus hinüberführen kann.

Wie die Anfangsscene des Stichus metrisch verstanden werden muss, habe
ich Rhein. Mus. 40, 200 nachgewiesen. Die Kurzverse sind in *A* überliefert,
in *B* je zwei verbunden. Die ältere Schwester beginnt, die jüngere folgt, in
ihre Rede greift die ältere mit einer Frage ein:

> Credo ego miseram
> fuisse Penelopam,
> soror, suo ex animo,
> quae tam diu vidua
> viro suo caruit;   5
> nam nos eius animum

de nostris factis noscimus,   quarum viri hinc absunt,
quorumque nos negotiis   absentum, ita ut aequomst,
sollicitae noctes et dies,   soror, sumus semper.

Nostrum officium   10
nos facere aequoinst,
neque id magis facimus
quam nos monct pietas.
sed hic, soror, assidedum: multa volo tecum
loqui de re viri.   Salvene, amabo?   15

(8 *a. ut est aequum* P, 14 *mea soror I'*), es folgen noch 4 Verse von der letzten
Art, dann 2 cola Reiziana, 2 paroemiaci als Ueberleitung zu anapästischen Systemen. Hier finden sich also zunächst stichisch verwendet die versus Reiziani
(7—9. 14) und deren nur hier erscheinende Abart $\smile-\smile-\smile-$ $\smile-\smile-\smile$ (S.9) gleichfalls stichisch, 2 anapästische metra (10. 11). Das Lied beginnt mit dem Kolon
$-\smile-\smile-$, es setzt sich fort stichisch (nicht mit Synaphie) in der steigenden
Form $\asymp-\smile-\smile-$, die Senkungen stets gleich gebildet. Bei 6 kann man
schwanken: die Worte ergeben sowohl das Kolon *Maecenas atavis* (= 1) wie
das Reizianum; dieses vorzuziehen veranlasst mich die Bildung der ersten Senkung und die gute Ueberleitung zu den folgenden Versen. Ein ähnlicher Zweifel
entsteht vor 12. 13: es sind zwei reine cola wie 2—5; nur die Prosodie von
magis (Plant. Forsch. 270) macht es mir wahrscheinlich, dass 12 mit 10. 11
metrisch identisch ist, und dann tritt 13 in die Analogie von 6. Aber die Möglichkeit bleibt offen, dass auch 6. 12. 13 = 2 sq. sind. Wegen der stichischen
Verwendung dieses Kolons, wegen der augenscheinlichen Verwandtschaft des
Reizianum mit diesen Glyconeen auch bei Plautus, wie im attischen Drama, ist
das canticum besonders wichtig.

Der adonius vertritt das colon Reizianum Trin. 240:
cuppes avarus elegans   despoliator
281:
patrem tuom si percoles   per pietatem
und ebenso wie es scheint v. 236. 247, alles in derselben Monodie und der sich
anschliessenden Scene.

In der grossen mit der Monodie der Leaena beginnenden Gesangscene
Curc. I 2 wird die Rolle der Leaena abgeschlossen durch das kurze Duett
zwischen ihr und Phädromus 134—139:
hoc volo scire te: perditus sum miser.
At pol ego oppido servata.
sed quid est? quid lubet perditum dicere
te esse? Quia id quod amo careo.
Phaedrome mi, ne plora amabo.
tu me curato, ne sitiam, ego tibi quod amas iam huc adducam.
Der erste und dritte Vers sind kretisch. Die 3 übrigen vor dem letzten habe
ich, wie es der letzte ist, anapästisch bezeichnet, da ich den an zweiter und
vierter Stelle erscheinenden äolischen Vers $-\smile\smile-\smile-\smile-\smile$ sonst bei Plautus
nicht nachweisen konnte. Es ist aber doch nur der verlängerte glyconeus
wie Epid. 536, in derselben Form z. B. Anacr. 46:

ἀστράγαλαι δ' Ἔρωτός εἰ-
σιν μανίαι τε καὶ κύδοιμοι,

sehr ähnlich für den Römer, wenn auch nicht gleichen Ursprungs mit dem alkäischen Zehnsilbler καθ' Ἀγαμεμνονίαν λατρεύω (Iph. T. 1115). Dass hiermit das richtige getroffen ist, zeigt sowohl der vierte Vers, der ein einfacher dactylischer glyconeus ist, als die Verbindung dieser Verse mit kretischen. Die Periode hat also folgende metra:

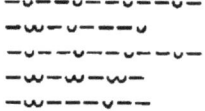

dann der anapästische Vers, mit dem Leaena abgeht.

Die Schlussscene des Pseudolus, ein Duett zwischen dem Sklaven und seinem Herrn, zerfällt in zwei grosse Abschnitte und einen kleinen zum Schluss. Der erste (1285—1314) besteht aus Kretikern mit zugehörigen und einigen jambischen cola; seine erste Periode, in der Simo und Pseudolus sich begegnen, wird durch einen anapästischen Septenar (1296) abgeschlossen, die zweite, in der Pseudolus mit der Frechheit des Siegers glänzt, durch einen trochäischen Septenar mit kretischem Tetrameter. Der zweite Abschnitt (1315—1328) ist anapästisch, er enthält die Bitten Simos und das Zugeständniss des Sklaven. Dann folgt der Abgesang der Scene und des Stückes: zuerst 8 Baccheen, dann 6 Kretiker mit einem glyconeischen Kolon (1330):

Te sequor. quin vocas spectatores simul?
Hercle me isti hau solent
vocare, neque ergo ego istos.

und genau dieselbe Gruppe wiederholt:

verum si voltis adplaudere atque adprobare
hunc gregem et fabulam,
in crastinum vos vocabo.

Das erste mal ist syllaba anceps nach dem 4. creticus, das zweite mal sind alle 6 verbunden. Das äolische Kolon ist dieses: ᴗ—ᴗᴗ—ᴗ—— δίδωσι μὲν ἀ σελάνα, es wird aber wohl für Plautus einfach mit dem enoplios zu identificiren sein, der dieselbe Form hat z. B. Eur. Her. 354 εἶτ' Ἀμφιτρύωνος ἴνιν (Wilamowitz II² 83). Die charakteristische Verbindung mit Kretikern tritt uns auch hier entgegen.

Rud. 229 beginnt das durch zwei Monodien eingeleitete Duett der Palaestra und Ampelisca mit folgenden Versen, um gleich danach gleichfalls in Kretiker überzugehn, die dann bis auf die Schlusskola herrschend bleiben:

Quoianam vox mihi prope hic sonat?
Pertimui, quis hic loquitur prope?
Spes bona, obsecro, subventa mihi,
exime ex hoc miseram metu.

Es sind 3 gleich lange Verse und ein kürzerer als Abschluss. 'Trochäische Pentapodien' sind ein metrisches Unding. Der fallende Rhythmus ist unzweifelhaft; dass es nicht Dactylen sind, zeigt die Bildung der Senkungen. Vielleicht sind auch dies äolische Reiben, diessesmal durchgehend mit der Kürze vor der letzten Hebung. Der erste Vers würde mit der Wortstellung *mihi vox* nicht seinen Rhythmus, aber sein Metrum deutlicher zeigen; wie er überliefert ist fehlt ihm der Dactylus. Der Vers erscheint z. B. Eur. Bacch. 866 zwischen 2 Glyconeen:

φίλτατ᾽ ὡς νεβρὸς χλοεραῖς
ἐμπαίζουσα λείμακος ἡδοναῖς
ἡνίκ᾽ ἂν φοβερὰν φύγῃ

Auch bei Plautus schliesst (mit *ex* als Kürze) ein glyconeus:

Die plautinischen Glyconeen lehren uns, dass man von dactylischen Versen bei Plautus nur dann sprechen darf, wenn eine Reihe von cola reine Dactylen aufweist, wie Cas. 747:

        sed lepide nitideque volo,
        nil moror barbarico bliteo.
        stasne etiam? i sis, ego hic habeo.
        numquid est ceterum quod morae sit?

wo der letzte Vers Anlass zu Zweifel gibt (*morae*); der kretische Vers *númquid est céterum quód morae síet* (siet wahrscheinlich *A*) verbände sich gut mit jenen. Man darf wohl fragen, ob nach Plautus' Absicht diese dactylischen cola von den Glyconeen, denen auch rein dactylische beigemischt sind, verschieden sein sollen. Es folgt auf diese Verse, als Schluss des Duetts, eine Versgruppe die sich als den Glyconeen verwandt ohne weiteres ausweist: 3 versus Reiziani so vertheilt, dass zwischen dem ersten und zweiten 5, zwischen dem zweiten und dritten 2 Reizische cola stichisch beieinander stehn (S. 49). Aehnliche Erwägungen stellen sich ein, wenn man Curc. 122 auf Kretiker mit ithyphallicus zwei dactylische Tripodien folgen sieht:

        Salve. Egon salva sim, quae siti sicca sum? At
        iam bibes. Diu fit.
        Em tibi anus lepida.
        Salve, oculissime homo,

oder vorher 103 dasselbe dactylische Kolon auf Kretiker; vgl. Men. 114. Im ganzen hat Plautus nicht häufig genug reine Dactylen angewendet, dass eine sichere Bestimmung dieser Grenzlinie möglich wäre.

    Hier ist der Ort, einige Bemerkungen über das colon Reizianum anzuknüpfen. Dass dieses nichts ist als ein äolisches colon (κέχηνας, ὁ νοῦς δέ σου |

παρὼν ἀποδημεῖ)[1]), das aber auch in dorischen[2]) jonischen[3]) jambischen[4]) doch-
mischen[5]) Liedern vorkommt, habe ich Rhein. Mus. 40, 185—195 nachgewiesen.
Es ist, wie Bergk (Kl. Schr. II 395. 402) erkannt hat, eine zum Urbestande gehörige
Form; die Senkungen, die ursprünglich frei waren, haben in der Metrik der
Stämme verschiedne Ausbildung gefunden. Plautus bildet das Kolon mit völliger
Freiheit der Senkungen, wie seine Jamben: ⏓ — ⏓ — ⏑, und zugleich mit der
sonst nur seinen Anapästen eignen Silbenvertheilung: *quia fumus molestus* wie
ὅπατε δὲ νίκην. Doch scheint es dass er zwei Bildungsweisen gesondert und in
deren Anwendung wenigstens einen negativen Unterschied gemacht hat; denn die
charakteristisch anapästische Bildung der zweiten Senkung ist in der Regel in
den cola nicht zugelassen, die er baccheischen Versen beigemischt hat[6]). Er
verwendet das Kolon so häufig wie das griechische Drama, zum Theil in denselben Verbindungen. Die bekannteste von diesen ist der sogenannte versus
Reizianus, in dem das Duett Aul. 415—446 geschrieben ist, unter Anwendung
aller erdenklichen Formen des Kolons; ausserdem erscheint der Vers einigemal
in kleineren Gruppen, wie am Anfang und Ende des Stichus je 3; und öfter
einzeln, in Gesellschaft meist von Anapästen, auch von Jamben, Kretikern oder
Baccheen: inmitten von Perikopen vor Anapästen nach Kretikern Most. 330, nach
Anapästen Most. 877 (? vor cret.) 892 (unmittelbar vor und nachher andere Reiziana) Pseud. 589 (vor troch.) 1254 (bacch. und anap., dann Reiziana und iamb.)
Rud. 189; nach Jamben vor Baccheen Cas. 826, nach Baccheen vor Jamben Poen.
238, unter Baccheen Bacch. 1124[7]), nach Kretikern vor Jamben Trin. 285. Zweimal beginnt der Vers ein canticum: Most. 858 Rud. 185 (hier ist vielleicht der
verstümmelte zweite Vers gleichfalls ein Reizianus), beidemal als Einleitung von
Anapästen; dreimal beschliesst er ein canticum: Aul. 160 Most. 347 Truc. 129
(in beiden letzten Fällen vielleicht auch der vorletzte Vers ein Reizianus, über
den ersten s. u.), deren erstes vor den Reiziani (155 sq.) anapästisch, das zweite kretisch, das dritte in seinem letzten Abschnitt kretisch-anapästisch ist[8]). Perioden
schliesst er Trin. 254 (nach kretischen, trochäischen, jambischen Versen[9])) Men.

---

1) Vgl. v. Wilamowitz Isyllos p. 143 Hippol. p. 211. Auch in der Parodie Ar. Ran. 1351.

2) Volksthümlich (ἦλθ' ἦλθε χελιδών) wie bei Epicharm (zu erschliessen aus Theokrits Epigramm: Rhein. Mus. 40, 193).

3) v. Wilamowitz Her. II 146, vgl. Bacch. 536. Scheinbare Ran. 333 Av. 1393 (v. Wilamowitz Isyllos 137. 155).

4) Tragödie z. B. Tro. 1086 (v. Wilamowitz comm. metr. I 24) Iph. T. 396. 425 Or. 994.
Komödie Rhein. Mus. a. O., v. Wilamowitz Arist. u. Ath. 353.

5) v. Wilamowitz Her. I 146 II 219; vgl. Orestie II 169.

6) Rhein. Mus. 40, 190; unten S. 60 A. 6.

7) Bacch. 988ᵃ zwischen Jamben und Glyconeen *quid me tibi adesse opus est? volo ut quod
iubeo facias* durch Interpolation entstanden; *iubebo* (B) ist noch weniger möglich. Ueber Most.
899 oben S. 14.

8) So schliesst Soph. Ai. 427 eine dochmisch-jambische Strophe Ἑλλανίδος, τὰ νῦν δ' ἕτερος
ὧδε πρόσωπαι (v. Wilamowitz Her. II 219). Ueber Cas. 935 sq. oben S. 49.

9) v. 251—258 ist vielleicht ein trochäisches System von 10 metra. Ueber v. 236 u. a. oben S. 56.

365 (Anapäste, oben S. 29) und vielleicht Truc. 452, wo es möglich ist auf anapästische Verse (8 metra ohne Katalexis) einen Reizianus folgen zu lassen. Neben diesem versus Reizianus, und zwar in seiner unmittelbaren Nähe, hat Plautus nicht selten den trochäischen Dimeter vor dem Kolon (s. u. Anm. 3) und an einer Stelle, in der stichischen Folge Stich. 10—14, den oben besprochnen Vers *spero quidem et volo, sed hoc soror crucior.*

Das Kolon gefolgt von einem jambischen Dimeter, also in umgekehrter Folge die Elemente des versus Reizianus[1]) leiten die Monodie der Astaphium Truc. 209 ein (danach 2 bacch. Tetr., jambische Langverse). Als Abschluss von Liedern und Abschnitten dient das Kolon häufig, häufiger als der Vers: Amph. 653 Bacch. 670. 996ᵃ. 1140ᵃ Capt. 790 Cas. 162. 873. 936 Poen. 1191ᵃ. 1200 Pseud. 935, vielleicht Pseud. 603 Stich. 330 Rud. 289, vgl. Men. 981 Rud. 218; verdoppelt Cas. 162. Es verbindet sich mit jambischen[2]), trochäischen[3]), kretischen[4]) cola und Versen, häufiger mit anapästischen[5]), am häufigsten mit baccheischen[6]). Unter diesen Bildungen wird besonders der baccheische Dimeter mit dem Reizianum wie ein eigner Vers behandelt. Häufig, wie in griechischen Liedern, erscheint das Kolon verdoppelt: als Abschluss einer kretisch-trochäischen Partie Bacch. 661, einer anapästischen Poen. 1191ᵃ, des Liedes Cas. 162, zwischen baccheischen Tetrametern Men. 760[7]) Most. 874, zwischen Anapästen Pers. 849, zwischen einem anapästischen und einem kretischen Verse Capt. 216, abwechselnd mit anapästischen und einem Senar Cas. 175. 177. 179, zwischen jambischen cola

---

1) Vgl. Rud. 253 sq.

2) Rud. 285 *fateor, ego huius fani sacerdos cluco* (vorher jamb. Octonar u. katal. Dim.) Cas. 843 *corpusculum malaculum mea uxorcula, quae res?* (folgen die beiden cola in umgekehrter Ordnung); Bacch. 996ᵃ (oben S. 36) Men. 961 (nach jamb. Sept.).

3) Trochäischer katal. Dimeter mit Reizianum, dem versus R. zunächststehend und meist mit ihm verbunden: Cas. 892 (vgl. zur Stelle) 934—936 Most. 846. 893; vgl. Bacch. 661 Cas. 159 Pseud. 936ᵃ. Eur. Hipp. 581 schliesst die äolische Strophe οἶον τὸ τᾶς Ἀφροδίτας ἥσιν ἐν χερὸν Ἔρως ὁ Διὸς παῖς.

4) Nach kretischem Tetrameter Pseud. 936ᵃ, nach Dimeter mit — ∪ — ∪ — Cas. 873, vgl. Rud. 253.

5) Nach anap. Dimeter (analog dem versus Reizianus) Bacch. 670 Poen. 1199. 1200 Pseud. 931, vgl. Truc. 450 (nach 2, eigentlich dochmischen, Dimetern als Liedschluss Ion. 506 sq.); nach paroemiacus Epid. 182 Rud. 218 vgl. Truc. 126 (vgl. nach 2 ἰνπαλιοι Ion 191); nach Monometer Most. 323 vgl. Stich. 8; das Doppelkolon sehr häufig unter Anapästen. Nach daktyl. Tetrameter Cas. 897? vgl. Iph. A. 1331.

6) Nach bacch. Tetrameter Amph. 639. 646. (647) 650. 653 (zwischen Hexameter und Tetram. 641) Bacch. 1120; mit Trimeter verbunden Cas. 654. 659 Aul. 159 Poen. 254; mit Dimeter Aul. 155 Bacch. 1127. 1128 Capt. 788. 790 Cas. 649. 658. 662. 665. 673—675. 685. 694—696. 702 (stichische Gruppen zum Theil, s. oben S. 16 sq.) 831. 840, vgl. 834; Cist. 4. 85 Men. 762—763ᵃ Most. 314. 317. 318. Nach Monometer oder vielmehr nach Pentameter Bacch. 1121. 1139. 1140 Poen. 258 Rud. 287—289. Nach katal. Tetrameter Cas. 868 Men. 382, nach katal. Dimeter Cas. 643. 691. 705. 834 (oben S. 16); vgl. Most. 890. Einige dieser Verse ohne Diärese vor dem Kolon; doch sind nicht alle alle Messungen sicher.

7) Vgl. Plaut. Forsch. 268.

Cas. 844. 845; nach einem versus Reizianus Pseud. 1255, nach der Spielart dieses Verses Stich. 15, zwischen anderen mit dem Kolon gebildeten Formen Most. 891. Einige Abschnitte von Liedern werden von dem Kolon und seinen verschiednen Verbindungen förmlich beherrscht; so die zuletzt berührten Verse Most. 890—894 (katal. bacch. Dim., 8 cola R., versus R., troch. Dim. + col. R.); über den Schluss der Liedscene Cas. III 6 oben S. 49. 58: hier ist das Kolon gradezu stichisch angewendet; Aul. 155—160:

> sed his legibus, si quam dare vis ducam:
> quae cras veniat, perendie foras feratur [soror];
> his legibus [quam] dare vis? cedo: nuptias adorna.
> Cum maxuma possum tibi, frater, daro dote;
> sed est grandior natu: media est mulieris aetas.
> eam si iubes, frater, tibi me poscere, poscam.

Hier sind 4 versus Reiziani, aber der erste und fünfte Vers beginnen baccheisch: so wird das baccheische Mass, aus dem der erste Abschnitt des Liedes besteht, wieder angeschlagen, wie auch im zweiten Abschnitt durch die beiden Verse 147. 148.

4.

Die Analyse lehrt uns viel, aber sie löst nicht das Problem. Wir können so gut wie alle einzelnen plautinischen Versformen auf ihre griechischen Originale zurückführen und doch gibt ihre Gesammtheit ein anderes Bild als irgend ein uns bekanntes Gebiet der griechischen Verskunst zu irgend einer Zeit, ein anderes auch als die astrophische Lyrik des spätteren griechischen Dramas, das Grenfellsche Lied eingeschlossen. Wo liegt der charakteristische Unterschied? Er springt in die Augen, wenn wir die ganze Masse mit der griechischen vergleichen. Die meisten cantica hat Plautus im kretischen oder baccheischen Tetrameter gedichtet. Päonische Tetrameter gibt es in der Komödie, auch in stichischer Verwendung; Verse in der jüngeren Tragödie, aber keine stichischen Tetrameter. Baccheische Verse gibt es in der dramatischen Lyrik; nirgends stichische Tetrameter. Da liegt der Unterschied. Er erstreckt sich gleichermassen über alle Versarten: die Elemente des versus Reizianus treten gelegentlich im griechischen Drama zusammen, stichisch erscheint der Vers nur bei Plautus; der kretische Dimeter mit Kolon und andere combinirte Verse desgleichen. Die jambischen trochäischen anapästischen Dimeter und akatalektischen Tetrameter erscheinen als Elemente und Gruppen der langen Verse in Komödie und Tragödie, stichisch bei Plautus.

Der Unterschied liegt in Form und Stoff: in der Bildung eigner Versarten aus vorhandnen Elementen zu stichischer Verwendung und in der häufigen Verwendung theils dieser Bildungen theils vorhandner aber selten vorkommender Versformen.

Die Erkenntniss, die sich hier aufschliesst, ist entscheidend für die Beurtheilung der plautinischen Kunstübung. Wer überhaupt die Dinge bedenkt und ihren Zusammenhang sich anschaulich zu machen sucht, musste immer wieder sich die Frage vorlegen, ob Naevius und Plautus in der Ausbildung ihrer lyrischen Masse einer metrischen Theorie gefolgt sind oder ob sie als Ausläufer, als ein letztes Glied in der lebendigen Bewegung der griechischen Verskunst standen. Denn dass sie nicht als Barbaren zutappten, um nur so die Fülle der Formen aus den Falten des Palliums zu schütteln, dass die plautinische Kunst auf Principien beruht, die in allen seinen Stücken gleichmässig hervortreten, dass wir es mit einer Weiterbildung, nicht mit einfacher Uebertragung zu thun haben, mit einer Weiterbildung, die das Ganze umfasst, nicht das Einzelne Schritt für Schritt ergreift, das alles lehrte der Augenschein. Die innere Wahrscheinlichkeit spricht dafür, dass ein System von solcher Freiheit der Behandlung nicht aus schulmässiger Aneignung fremden Stoffes, sondern aus lebendigem Nachschaffen organisch und im Zusammenhang wirkender Formen hervorgegangen ist[1]). Auch der Vorgang des Livius, der die Dialogverse (für diese liegt die Sache klar) ohne jede Rücksicht auf metrische Lehre frei umgebildet hat, musste in dieselbe Richtung weisen. Dagegen haben mich oft scheinbare Spuren metrischer Theorie beunruhigt und zweifelhaft gemacht, um so mehr als diese auf die varronische, nicht auf die alexandrinische Metrik wiesen[2]). Jetzt glaube ich für das früher Vermuthete den Beweis führen zu können: grade der charakteristische Unterschied der plautinischen von der griechischen Kunst beweist dass die plautinische in engem Zusammenhang mit der griechischen Kunstübung steht. Um die plautinische hier an ihrer Stelle einzuordnen, muss ich weiter ausholen.

Die Geschichte der griechischen Verskunst[3]) verläuft in der Durchbildung vorhandner Elemente zu Versen und der Weiterbildung vorhandner Versformen zu neuen Vers- und Compositionsformen; ihre Etappen sind dadurch bezeichnet, dass bestimmte Formen stichisch oder strophisch für bestimmte Gattungen festgelegt werden. Die Elemente stammen aus der griechischen Urzeit, aber sie haben bei den einzelnen Stämmen in Cult- und Volkslied eigene Formen angenommen bevor sie kunstmässig ausgestaltet wurden; dies letzte zum Theil in historisch heller Zeit, zum Theil so frühe für uns, dass man an dem Ursprung einzelner Formen zweifeln kann oder dass die Eigenschaften einer alten Versform die Theilnahme eines andern Stammes an der Fixirung des Gebildes beweisen; wie früh der Austausch der Formen begonnen und der eine Stamm aus der Kunst des anderen seinen Formenbestand bereichert hat, lehrt vor allen Alk-

---

1) Rhein. Mus. 40, 165, Herm. 24, 294.

2) Ich meine vor allem die Bildung des trochäischen Septenars und scheinbar ungriechischer Clauseln.

3) Was ich in diesem Absatz vorausschicke kann ich des Zusammenhanges wegen, auch mit anderen Erörterungen als der gleich folgenden, nicht zurückhalten. Es ist Altes und Neues, aber auch was davon mir gehört nur entwickelt aus Gedanken die von Wilamowitz herrühren.

man, in dessen Metrik jonische, äolische und dorische Bildungen vereinigt sind. Der epische Hexameter[1]) ist äolischen Ursprungs, denn er löst die Hebungen nicht auf; die Jonier haben ihn ausgestaltet, denn mit der Contraction der Senkung ist das silbenzählende Princip aufgegeben. Er hatte ursprünglich die 'Basis'[2]), war also ursprünglich ein gesungener Vers; als er zum Recitationsverse geworden war, wurde sein Bau durch die Cäsur gegliedert, und nun hatte er τὴν ἑαυτοῦ φύσιν. Die Elegie fand den so gestalteten Vers vor und verband mit ihm ein gleichfalls äolisches Doppelkolon, das in der ersten Hälfte wie der Hexameter, in der zweiten seinem Ursprung entsprechend silbenzählend behandelt wurde; eine relativ junge strophische Neubildung, der andere voranflagen (den Beweis gibt Alkman), wie ihr die Fülle der anderen folgte. Das erste greifbare Beispiel einer neuen metrischen Kunstform, die dadurch hervorgebracht worden ist dass ein Dichter eine im Liede vorhandene Form stichisch machte und zu einer recitirenden Gattung verwandte, ist der Trimeter. Urformen des jambischen Cultliedes liegen vor in den Mystealiedern der Frösche und im Phallosliede der Acharner: dort besteht das Lied auf Demeter (384) aus 2mal 10 jambischen metra mit Katalexis, das auf lakchos (397) aus jambischen Strophen von 2 katalektischen Trimetern, einem katalektischen Pentameter, einem akatalektischen Trimeter (Schema a a b c), das folgende amöbäische Spottlied (416) aus Strophen von 2 katalektischen Dimetern und einem akatalektischen Trimeter (Schema a a b); im Phallosliede (Ach. 263) folgt auf ein jambisches μακρόν mit Katalexis (das nur die Anrufung des Gottes enthält) ein zweites von 24 metra ohne Katalexis, dem sich drei Trimeter anschliessen, und zwar mit Versschluss nach dem zweiten; so dass es nicht etwa angeht, die Trimeter mit dem System zur Einheit zu verbinden. Das Fehlen der Katalexis drückt diesem Liede den Stempel der Alterthümlichkeit auf; denn attisch ist das nicht. Wohl aber findet sich dieselbe Form bei Alkman frg. 24:

οὐκ εἷς ἀνὴρ ἄγροικος οὐδὲ σκαιὸς οὐδὲ παρὰ σοφοῖσιν οὐδὲ Θεσσαλὸς γένος·
οὐδ' Ἐρυσιχαῖος οὐδὲ ποιμήν, ἀλλὰ Σαρδίων ἀπ' ἀκρᾶν.

Der erste Hexameter ist mit der syllaba anceps zu Ende, der zweite Vers hatte vielleicht dieselbe Ausdehnung. So hat Alkman auch (wie Anakreon) den akatalektischen trochäischen Tetrameter, im Partheneion und frg. 68, Alkaios den jambischen (Heph. p. 18 W.). Der Trimeter war vor Archilochos auch litterarisch und bereits in einem recitirenden Gedichte verwendet, im Margites, beigemischt den Hexametern[3]). Die stichische Verwendung des Trimeters und des trochäischen Tetrameters ist die That des Archilochos, nicht minder als die Schaffung epodischer Formen. Als recitirendes Mass erhielt der Trimeter, in Anlehnung an den Hexameter, die Cäsur, der einzige griechische Vers ausser

1) v. Wilamowitz Hom. Unters. 406.
2) W. Schulze quaest. ep. 374 sq.
3) Usener Altgriech. Versbau 112.

dem Hexameter, der mit Cäsur gebaut wird. Ein neues Gebilde stellen die Festlandsjonier den archilochischen Formen zur Seite, die durch viele metra oder gleiche cola bis zur Katalexis laufenden Verse; vielleicht gab es solche, wie wir sahen, schon in den volksmässigen jambischen Liedern, aber datirbar sind zuerst Anakreons glyconeische 'Systeme'[1]). Von ähnlicher Art, nur stichisch festgelegte Formen, sind sowohl der trochäische wie der von Epicharm stichisch verwendete anapästische katalektische Tetrameter. Die jonischen Systeme, die es in die Wahl des Dichters stellen, wie lang er die katalektischen Verse werden lassen will, haben die Attiker durchgebildet vor allem für die (dorischen) Anapäste und diese (nicht den Daktylus) zugleich der Form des jonischen Iambus und Trochäus unterworfen, deren metra 2 Hebungen haben. Von solcher Art sind die metrischen Neuschöpfungen des attischen Dramas, die wichtigsten ausserdem wohl die Ausbildung des Dochmius und der äolischen Verse, mit freier Stellung der Senkungen (dies gewiss nach volksthümlichen Formen) und Auflösung der Hebungen, d. h. keine Neuschöpfungen sondern nur kunstmässige Umbildungen des Vorhandnen; wie ja die metrische Form des attischen Dramas als Ganzes aus dem Gedanken entsprungen ist, den jonischen Iambus mit der dorischen Lyrik und dem lesbischen und jonischen Liede zu einer Einheit zu verschmelzen.

'Formen werden nicht geschaffen, sondern sie entstehen und wachsen. Der schöpferische Künstler erzeugt sie nicht, sondern bildet das Ueberkommene veredelnd um' (Usener Altgriech. Versbau 111). So gilt es bis ans Ende der grossen attischen Kunst. Es gilt auch, was die metrischen Formen angeht, für den jüngeren Dithyrambus und die spätere Periode des Euripides, sowie für die Folgezeit die unter ihrem Einfluss steht; nur scheint in dieser, der hellenistischen Epoche die Umbildung der Formen zu stocken. Das einzige Beispiel einer aus tragischer Nachwirkung hervorgegangnen Monodie, das Grenfellsche Lied, bewegt sich ganz in den euripideischen Formen; die Glyconeen der delphischen Hymnen sind die des Dramas. Die Hymnen zeigen auch sonst, wie Isyllos, keine wesentlich neuen metrischen Erscheinungen. Aber doch hat es in den ersten Generationen der hellenistischen Poesie eine in der gewohnten Richtung weiter laufende, die Formen der Metrik weitergestaltende Bewegung gegeben, die auf den Gebieten der poetischen Kleinkunst Gebilde von ähnlichem Verhältniss zur alten Poesie hervorgebracht hat, wie es die Formen des Plautus der euripideischen Tragödie gegenüber aufweisen.

Von Hephaestion und, soweit sie auf die ältere Lyrik eingehen, den römischen Metrikern wird in der Regel ausser dem 'Erfinder' eines Metrums der Dichter angeführt, der es stichisch gemacht, ὅλα ᾄσματα aus ihm componirt hat. Diese beiden Epochen erscheinen der metrischen Theorie als die wichtigsten in

---

1) Anakr. frg. 75 besteht nicht aus trochäischen Oktametern, wie v. 8 zeigt. Von Alkman könnte man hierherziehn die Dactylen frg. 33. 54, die Kretiker frg. 36, nicht frg. 28. 45, von Stesichoros frg. 2; aber diese Verse zeigen Beschränkung auf einen bestimmten (wiederkehrenden) kleinen Umfang.

der Geschichte eines Metrums, daneben werden die Verse herausgehoben, die
überhaupt einmal stichisch gemacht worden sind, wie das *Ἀνακρεόντειον* (Heph.
p. 17, 33 W.), der brachykatalektische jonische Tetrameter (Anakreon, p. 39, 14),
das jonische *ἐφθημιμερές* (Timokreon, p. 40, 10), das *Φερεκράτειον* (*ἐξεύρημα καινόν*,
p. 33, 5; 56, 7), auch wenn sie in der Geschichte der Poesie keine besondere Bedeutung haben. Von der ersten Art ist die Angabe über den Trimeter Mar.
Vict. 133. 30 *hoc genere versuum primus usus est Homerus in Margite suo, nec tamen totum carmen ita digestum perfecit* (sondern erst Archilochus), vgl. Atil. Fort.
286, 3; die verschiednen Angaben bei Hephaestion über die Isolirung und selb-
ständige Verwendung von cola die zuerst bei Archilochos in epodischen und
asynartetischen Formen auftreten: 23, 6 τὸ τετράμετρον εἰς δισύλλαβον καταληη-
τικόν, ᾧ πρῶτος μὲν ἐχρήσατο Ἀρχίλοχος ἐν ἰάμβοις· ὕστερον δὲ καὶ Ἀνακρέων
τούτῳ τῷ μέτρῳ καὶ ὅλα ᾄσματα συνέθηκεν, 24, 2 Ἀλκμὰν δὲ καὶ ὅλας στροφὰς
τούτῳ τῷ μέτρῳ κατεμέτρησεν, 28, 3 Κρατῖνος δὲ ἐν Ὀδυσσεῦσι συνεχεῖ αὐτῷ ἐχρήσατο (πρῶτος δ᾽ Ἀρχίλοχος, nämlich τῷ παροιμιακῷ). Im Ἀριστοφάνειον, das zuerst bei Aristoxenos dem Selinuntier nachzuweisen ist (p. 26 sq.), hat schon
Epicharm ὅλα δύο δράματα geschrieben; Choeroboscus (ἐξήγ. p. 73, 5) folgt der
Schablone: ἐπειδὴ δὲ συνεχῶς αὐτῷ ἐχρήσατο, ἐκλήθη Ἀριστοφάνειον (vgl. 73, 13).
Von den Metrikern der Derivatentheorie wird das δίμοιρον ἰακὸν angeführt, aus
dem *Sappho dicitur carmen composuisse continuum pentasyllabum* (Mar. Vict. 116.
120. 162, Ter. M. 2159).

In dieser Anschauung von der Geschichte der Formen spiegelt sich die
Geschichte der metrischen Kunst im 3. Jahrhundert; auch dies zu erkennen gestattet uns die metrische Tradition. In der alexandrinischen Metrik [1] herrscht
die Sitte, die einzelnen Versarten zu benennen nach dem 'Erfinder' oder nach
einem Hauptvertreter. Die Erfindung ist oft nichts als die stichische Isolirung
oder Umbildung einer Versart aus der Fülle der klassischen Formen, geschehen
in der Zeit in der die Grammatiker ihre metrische Theorie ausbauten, durch
Dichter die zum Theil bald vergessen waren. Fast alle Versnamen die von hellenistischen Dichtern hergenommen sind bedeuten nicht, dass der Dichter das
Mass häufig, sondern dass er es stichisch verwendet hat. Den jüngeren Gram-
matikern war das nicht anschaulich, da sie die Dichtungen, um die sichs han-
delte, meist nicht mehr kannten; daher so falsche Angaben wie etwa im Abschnitt des Diomedes über die Versnamen (501, 24) *alia ab inventoribus, ut est
Sapphicum Alcaicum, alia ab iis qui frequentes in illis fuerunt, ut sunt Aristopha-*

---

1) Es ist eine irrige Behauptung Kiesslings (Horaz² 1 4 A.) und Leichsenrings (de metris
graecis quaest. onomatol., Greifsw. 1888), dass die bei Varro und Caesius Bassus erscheinende
metrische Theorie mit dieser Nomenclatur verwachsen sei. Ich habe das schon Herm. 24, 287, auf
welche Abhandlung Kiessling sich bezieht, widerlegt und nachgewiesen dass die Metrik des Caesius
Bassus von der alexandrinischen (Hephaestion), nicht im System aber in einzelnen Ausführungen
und Namen, abhängig ist. Was ich in jener Abhandlung über die beiden Systeme und ihr Verhältniss zu einander (darum handelt es sich) ausgeführt habe, besteht vollkommen zu Recht, mag
man nun die Herleitung aus Pergamon zugeben oder nicht.

nia Archebulia Phalaecia Asclepiadia Glyconia; Angaben die doch heute kaum jemand in Zweifel zieht, da die Wichtigkeit des Unterschiedes zwischen häufiger und stichischer Verwendung nicht gewürdigt wird.

Deutlich tritt der Sachverhalt hervor in Hephaestions Abschnitt über den choriambischen Hexameter, Φιλίκιον genannt, p. 31, 20): *Φίλικος δὲ ὁ Κερκυραῖος, εἰς ὃν τῆς πλειάδος, ἐξαμέτρῳ συνέθηκεν ὅλον ποίημα· τοῦτο δὲ καὶ ἀλαζονεύεται εὑρηκέναι Φίλικος λέγων·*

καινογράφου συνθέσεως τῆς Φιλίκου, γραμματικοί, δῶρα φέρω πρὸς ὑμᾶς.

ψεύδεται δί· πρὸ γὰρ αὐτοῦ Σιμμίας ὁ 'Ρόδιος ἐχρήσατο ἔν τε τῷ Πελέκει κἀν ταῖς Πτέρυξι· πλὴν εἰ μὴ ἔρα ὁ Φίλικος οὐχ ὡς πρῶτος εὑρηκὼς τὸ μέτρον λέγει, ἀλλ' ὡς πρῶτος τούτῳ τῷ μέτρῳ [τὰ] ὅλα ποιήματα γράψας, vgl. Caes. B. 263 (*hoc Philicus conscripsit hymnos*), Mar. Vict. 86 (*Philicium de auctoris nomine*). In den figurirten Gedichten des Simmias erscheinen die Verse, wie es die Figur verlangt, nur einzeln[1]); die *σύνθεσις* nimmt Philikos für sich in Anspruch[2]) und die Benennung erfolgte danach, zum Zeichen dass die gelehrte Welt diese That als etwas wesentliches ansah. Bei Simmias ist in den *Πτέρυγες* wie im *Πέλεκυς* die folgende Zeile der choriambische Pentameter; für diesen erwähnt Hephaestion (31, 17) nur den Kallimachos: *καὶ τῷ πενταμέτρῳ δὲ Κ. ὅλον ποίημα τὸν Βράγχον συνέθηκεν* (Ter. M. 1885 sq.). Simmias spielt als Ausprägerneuer Liedverse eine grosse Rolle. Der choriambische Siebzehnsilbler, den Hephaestion selbst (72, 2) aus Anakreon anführt, heisst *Σιμμιακόν* (35, 9); Simmias hat den akatalektischen Vers behandelt wie Alkaios und Sappho den katalektischen. Das *εἰς διεύλλαβον* katalektische daktylische Pentametron heisst *Σιμμίειον* (23, 3): es ist der Vers *ἐντειλάων ἔτι γὰρ Θεόθεν καταπνεύει* (Aesch. Agam. 105), der bei Servius (cent. metr. p. 461, 2) *Stesichorium* heisst (Stes. frg. 8, 2) und, in äolischer Bildung, bei Sappho häufig ist. Im anapästischen katalektischen Trimeter hat Simmias *ὅλον ποιημάτιον* geschrieben (Heph. 27, 17), das Beispiel ist *Ἑστία ἀγνὰ ἀπ' ἐνζείνων μέσα τοίχων.* Dies ist ein künstlich hergestellter Vers, er kann nur in der Weise entstanden sein, dass Simmias die drei letzten metra des anapästischen *πνῖγος* von ungleicher Metrenzahl isolirt hat, etwa den Schluss des Liedes Hec. 98—153:

1) Häberlin carm. fig. gr. 67 sq.

2) Auch diese Art sich als Erfinder zu proclamiren stammt aus den Kreisen der attischen Kunst: wie Philikos als *εὑρετής* seiner *καινόγραφος σύνθεσις*, Boiskos seines *δυτάπους στίχος*, so rühmt sich Kratinos seines *ἐξεύρημα καινόν* in der Korianno: *ἄνδρες πρόσχετε τὸν νοῦν ἐξευρήματι καινῷ συμπτύκτοις ἀναπαίεστοις.* Die Metriker haben, als ihnen die Musik verloren gegangen war, das Kolon mit dem katalektischen glyconeus identificirt (Heph. 33 W., vgl. Crusius Rhein. Mus. 43, 197 ff.); Hephaestion nennt es p. 56 einen dikatalektischen Dimeter. Dass *σύμπτυκτος* die Katalexis bezeichnet, d. h. die Unterdrückung der Senkung, haben Christ und Crusius richtig erkannt; aber ein ¾ metron (Crusius p. 201) wird nicht unterdrückt. Vielmehr hat Kratinos in jenen Versen die zweite Senkung jedes metron unterdrückt, wie im paroemiacus und Tetrameter die Senkung vor der Schlusshebung 'eingefaltet' wird. Der Dimeter − ⌣ − ⌣⌣ − ist verdoppelt ein Tetrameter mit 4 unterdrückten Senkungen. Wenn man die 'synkopirten' Jamben und Trochäen *σύμπτυκτοι* nennen wollte, so hätte man an Kratinos einen Vorgänger.

ἢ δεῖ σ' ἐπιδεῖν τύμβον προκετῇ
φοινισσομένην αἵματι παρθένον
ἐκ χρυσοφόρου δειρῆς νασμῷ μελαναυγεῖ.

Ganz ähnlich verfuhr Boiskos, von dem Heliodor die Kunde übermittelt hat
(Juba bei Rufin p. 564, Mar. Vict. p. 82):

Βοίσκος ἀπὸ Κυζίκου, παντὸς γραφεὺς ποιήματος, τὸν ὀκτάκουν εὑρὼν στίχον
Φοίβῳ τίθησι δῶρον.

Der Mann hat den jambischen Octameter 'erfunden': woher hatte er ihn? einen
akatalektischen Tetrameter, den er mit dem katalektischen hätte verbinden
können, gab es nicht; er hätte diesen mit demselben Rechte erfinden können
(s. o.). Sein Vers ist derselbe wie etwa Ar. Ach. 948—952:

ἀλλ' ὦ ξένων βέλτιστε, νῦν
θέριζε καὶ τοῦτον λαβὼν
πρόσβαλλ' ὅποι βούλει φέρων
πρὸς πάντα συκοφάντην.

Was Boiskos gethan hat ist, dass er das σύστημα καθ' ὁμοίων ἄνευ ἀριθμοῦ
ὡρισμένου zu einem κατὰ σχέσιν μετ' ἀριθμοῦ τεταγμένου gemacht hat, genau wie
Alkaios und Horaz den jonischen Dekameter (*miserarumst*) behandelt haben (Heph.
p. 66 sq.). Dies bezeichnet er als στίχος, er hat also das σύστημα stichisch verwendet; das ist seine Erfindung. Ungenau berichtet Hephaestion über das
Ἀρχεβούλειον, Φαλαίκειον, Γλυκώνειον, aber für die ersten beiden ergibt sich der
Sachverhalt vollkommen aus Caesius Bassus, dessen Darstellung dieser Masse,
wie ich Herm. 24, 298 sq. nachgewiesen habe, aus derselben alexandrinischen
Quelle stammt, die auch Hephaestion compilirt hat. Nach Heph. 29, 16 heisst
der Vers ⏑—∪—∪—∪—∪—⏖ Ἀρχεβούλειον ἀπ' Ἀρχεβούλου τοῦ Θηραίου ποιη-
τοῦ (der nach Suidas Lehrer des Euphorion gewesen sein soll) χρησαμένου αὐτῷ
κατακόρως, dann führt er Beispiele des Kallimachos an und begreift offenbar
ihn und die Erfinder unter die ἐν συνεχείᾳ γράψαντες τὸ μέτρον, die es (ausser
dem Anlaut) silbenzählend behandelt hätten, während Alkman den Spondeus
zulasse. Die Sache erhellt deutlich aus Caes. B. 256: *Archebuleus accepit nomen
versus non quod Archebulus eum invenerit; nam Stesichorus et Ibycus et Pindarus
et Simonides usi sunt eo, sed passim et promiscue; Archebulus autem quia carmen
ex hoc uno genere composuit, Archebuleum nominatum est*[1]). Seine That, die ihm
die grammatische Unsterblichkeit eingetragen hat, ist die stichische Fixirung
des vorhandenen Verses. — Von dem katalektischen Trimeter, der aus einem
Antispast und zwei jambischen metra bestehe, sagt Hephaestion (33, 19) nur
Φαλαίκειον καλεῖται und führt ein Beispiel aus Kratinos an. Caesius Bassus
sagt (258, 13): *hendecasyllabum Phalaecium ex simili causa, ut plerique, a cultore*

---

1) Mar. Vict. 126, 7 wieder ungenau wie Hephaestion: *non ipso auctore editus, sed ab eo
frequenter usurpatus.*

9*

suo, non inventore, nomen accepit; das ist ungenau[1]), aber den Sachverhalt macht das Folgende deutlich: *nam hic versus apud Sappho frequens est, cuius in V libro complures huius generis et continuati et dispersi leguntur.* Freilich nicht ohne weiteres, denn hiernach hat auch Sappho bereits den Vers stichisch angewendet; die Aufklärung gibt Caesius 261, 18 (Ter. M. 2845. 2882): *Varro Phalaecion metrum ionicum trimetrum appellat.* Der Vers war ein steigender jonischer Vers und Sappho behandelte ihn als solchen; der scheinbar äolische phaläkische bendecasyllabus ist die anaklastische Form, daher erschienen die Verse bei Sappho *continuati et dispersi* (ich kann dies hier nicht verfolgen, auch ist οὐκ ἐμὸς ὁ μῦθος). Was Phalaecus gethan hat ist nichts andres als dass er die anaklastische Form herausgehoben und auf sich gestellt und so als äolischen Liedvers ausschliesslich stichisch angewendet hat; mit grossem Erfolge, der namentlich durch die römischen Neoteriker fortgewirkt hat. — Den Namen eines (ausser A. P. X, 124) verschollenen Dichters trägt das Γλυκώνειον. Die Scholien (Choerob. 77, 15) verwechseln Glykon mit Leukon, bei Hephaestion lesen wir nur (33, 9) τὸ καλούμενον Γλυκώνειον αὐτοῦ Γλύκωνος εὑρόντος αὐτό, was weder er noch ein andrer Metriker geschrieben haben kann (da allen sowohl die Lesbier und Anakreon bekannt waren als der Ueberfluss von Glyconeen im Drama), sondern οὐ τοῦ Γλύκωνος εὑρόντος αὐτό. Hephaestion führt ein aus 3 Glyconeen bestehendes Beispiel an; was Glykon gethan hat ist klar: er hat das Kolon, das einzeln, doppelt und vielfach in den verschiedensten Vers- und Strophenformen erschien, als Vers behandelt und dann natürlich die katalektische Form nicht zugelassen. Glyconeische Lieder im Sinne Glykons hat also für uns erst Seneca wieder gedichtet (Herc. 875 und oft), dann Septimius Serenus (Ter. Maur. 2628 *iunctis versibus*, das Beispiel ohne Synaphie, vgl. 2669 sq.); nur einmal kommt da der Pherecrateus vor, im Herc. Oet. 1060, d. h. in dem an Senecas Fragment angedichteten Theile. — *Aeschrionion* heisst bei Mar. Vict. 105, 12 das aus 2 katalektischen jambischen Dimetern (ἡμίαμβοι)[2]) gebildete Metron, dessen sich dann auch Kallimachos bedient (epigr. 37, vgl. 39), wenn nicht hier die anakreontischen cola vorliegen (fg. 92, Heph. p. 18); *Kleomάχειον* bei Hephaestion 36, 1 das akatalektische jonische dimetron a maiore (Mar. Plot. 540, 17, das verdoppelte Atil. Fort. 289, 14)[3]). Die einzigen nach einem hellenistischen oder allenfalls in die hellenistische Epoche zu ziehenden Dichter benannten Masse, die nachweislich nicht von diesem Dichter zuerst stichisch verwendet worden sind, sind die Asclepiadeen[4]), die beide bei Alkaios (und Sappho) stichisch auf-

---

1) Weiter Mar. Vict. 118, 11 *appellatum a Phalaeco qui illo frequenter usus est*, dagegen Diom. 509, 11 *a Phalaeco inventum.*

2) Meineke Anal. Alex. 388 sq.

3) Ueber Kleomachos Leichsenring de metr. gr. 22 sq., Choeroboscus ἐχήγ. p. 80, 5. Ius Chaeremonium (frg. Bob. 620, 7 jamb. Pentameter mit überschiessender Silbe, vielmehr Tetrameter mit ∪ — ∪ — ∪) wird ausdrücklich dem Tragiker zugeschrieben.

4) *ab auctore dictum* Diom. 509, 5.

treten. Diese Benennung scheint in der That eine Höflichkeit gegen den Erneuerer der Versart zu sein.

Vor allem aber gehört in diese Reihe das *Σωτάδειον*. Sotades hat für seine recitirende Dichtung mit bestimmter Vortragsart den katalektischen Tetrameter stichisch festgelegt, der ohne Zweifel auch vordem in jonischen Liedern erschien [1]). Das Gegenstück ist der Galliambus. Hephaestion selbst (38) belegt den Vers mit Beispielen aus dem Tragiker und dem Komiker Phrynichos; Kallimachos hat das Mass stichich in charakteristischer Variation für eine bestimmte Gattung ausgebildet. Aber es ist nicht nach seinem Namen benannt worden, und auch kein anderes; *Callimachium* für den choriambischen Pentameter bei Mar. Plot. 536, 15 ist eine willkürliche Benennung, obwohl sowohl dieser Vers als z. B. der trochäische Pentameter (Heph. 21. 1; frg. 115) wohl hätte *Καλλιμάχειος* genannt werden können. Es ist danach sehr wahrscheinlich, dass die Benennungen von Kallimachos selbst oder seinem Kreise ausgegangen sind; sicher, dass keiner der auf jene Weise verewigten Dichternamen mit Sicherheit der Zeit nach Kallimachos angehört. Analog dem *Γαλλιαμβικόν* oder *Μητρωακόν* ist die Benennung *Πριάπειον*, die das häufig, auch stichisch, in der dramatischen Poesie verwendete Mass in Folge seiner Fixirung für einen bestimmten Inhalt erhielt. Diese Fixirung geschah durch Euphronios, der sicher nicht älter als Kallimachos war: Choeroboskos 78, 5: *Πριάπειον δὲ ἐκλήθη ἐπειδὴ Εὐφρόνιος ὁ γραμματικὸς ἐπὶ τῶν Πτολεμαίων ἐν Ἀλεξανδρείᾳ ἔγραψεν εἰς Πρίαπον τούτῳ τῷ μέτρῳ· καὶ ὥσπερ τὸ Ἰθυφαλλικὸν ἐκλήθη ἐπιτήδειον ὂν εἰς τὸν Διόνυσον, οὕτω καὶ τὸ Πριάπειον.*

Andere hellenistische Gedichte halten sich an die vorhandenen stichischen Masse: Theokrit hat in Asklepiadeen und dem sapphischen daktylischen Vierzehnsilbler gedichtet; von Phalaikos gibt es ein Epigramm in katalektischen Trimetern (A. P. XIII 5), die bei Archilochos epodisch, bei Alkman stichisch, im Iakchosliede der Frösche (397) und oft in der Tragödie (vgl. Ion 1463. 4) erscheinen. Aber der Trieb neue stichische Formen aufzubringen dauert fort. Aus späterer Zeit ist das Epigramm des Philippos auf Aphrodite in Pentametern anzuführen (A. P. XIII 1), die aber keine elegischen Pentameter sind, sondern daktylische Doppelkola mit Freiheit der Contraction [2]). Das Epigramm des Mesomedes A. P. XIV 63 verwendet stichich den Hinkanapäst ∪∪−∪−∪−∪−∪−, ohne katalektische Form (paroemiacus); mit der katalektischen der Hymnos auf Nemesis (2 +2 catal., 1 + 1 catal., 2 + 2 catal., 2 + 1 catal., endlich 7 ohne

---

1) Strabo p. 648. — Diom. 510, 38 *Sotadeus vocatur quia Sotades eo plurimum usus est.*

2) *Χαῖρε θεὰ Παφίη.* Es ist merkwürdig, dass die einzige aus Pentametern bestehende Inschrift (Kaibel epigr. 605 [GSI 411) einem Paphier gesetzt ist: *Πάφιανὸς Πάφιος τῇδ' ὑπὸ τῇ λίθῳ μαι, κομψός, λιγυθρὶς τὸν βίοτον στέφανον*, nicht unabsichtlich formlose Verse, sondern in gezierten Worten die Grabschrift eines Dichters. Die Inschrift aus der *Αἰνιανή* bei Aristot. mirab. 133 (p. 48 West.) besteht aus einem Hexameter und 6 Pentametern, sie enthält eine Weihung an *Πασιφάεσσα* (3 τᾶς ῥ' ἰθύμαισι πότμῳ Πασιφάεσσα θεά), die in v. 1 *Κυθήρα* genannt wird. Hiernach ist es wohl erlaubt den Ursprung dieser Form in Cultliedern der Aphrodite zu suchen.

catal.), mit Vorwiegen des paroemiacus der Hymnus auf Helios[1]). Es ist derselbe Vers, in dem Lukian Tragodop. 87 sq. und Diophantos im Epigramm an
Asklepios[2]) dichten, entweder alle drei nach einem Vorbilde hadrianischer Zeit
oder die beiden letzten nach dem des Mesomedes. Ohne Bedenken darf man in
diese Reihe die römischen Neoteriker hinzunehmen, die frühen aus der cäsari-
schen wie die späten aus der hadrianischen Zeit; freilich mit Vorbehalt diese,
da sie Verse nach metrischer Theorie zuschneiden, jene da die Wahrscheinlichkeit
überwiegt dass sie lebendigen Beispielen nachdichten. Völlig im Charakter der
hellenistischen εὑρήματα sind die reinen Trimeter Catulls *quis hoc potest videre*,
quis potest pati und *phaselus ille*: eine bei den Griechen nicht selten erscheinende
aber absichtslos gebildete Form (ἐμεῦ δ' ἐκεῖνος οὐ καταχροῖζεται), der Catull für
einige Gedichte besonders raschen jambischen Tones ausschliessliche Geltung
und zugleich eine Freiheit gab (*potest pati*), die im römischen Verse *Livi scripto-
ris ab aevo* verpönt, wie im griechischen zu jeder Zeit erlaubt war. Hier wird
man eine eigne Erfindung des Römers im modern griechischen Stile anzuerkennen
haben[3]).

Wir haben eine durch die Verskunst der hellenistischen Poesie sich hin-
durchziehende Bewegung beobachtet, die nur scheinbar neue Formen erzeugt,
in der That vorhandene Versgebilde, oft oder selten in der klassischen Poesie
auftretende oder auch nach der Analogie vorhandener leise umgebildete, dadurch
dass ganze Lieder oder Gedichte von der erneuerten Versform beherrscht werden
mit eigner Lebenskraft ausstattet. Die Dichter die das wagen thun es mit
grösserem oder geringerem Kunstverstand, daher mit grösserem oder geringerem
Erfolg; es sind Spielereien darunter wie das Φιλίκιον und Βοΐσκιον. Gebilde von
productiver Kraft wie das Φαλαίκειον und Γαλλιαμβικόν. Die Zeit, die den
neugeprägten Formen ihre Namen gab, stand den Urhebern zu nahe um die
Bedeutung der Gebilde historisch zu würdigen; die ersten alexandrinischen
Metriker verewigten die einen wie die andern; Aristophanes von Byzanz oder wer
sonst das metrische System durchgebildet hat behielt die Namen bei, dasselbe
that das dem alexandrinischen entgegengesetzte aber auf dieselbe poetische
Production begründete System der 'derivata'.

An diese Bewegung nun schliesst Plautus, richtiger gesagt schliessen
Naevius und Plautus unmittelbar an. Die Zeit der Bühnenthätigkeit des Naevius
reicht von 235—204 v. Chr., die des Plautus, mit Spielraum nach oben, von
204—184; die Jahre, in denen Naevius seine Verskunst ausgebildet hat, sind die 6
auf den ersten punischen Krieg folgenden, die Lehrzeit des Plautus dürfen wir
etwa in das erste Jahrzehnt des hannibalischen Krieges legen. Von Naevius

---

1) Jan mus. script. gr. 462 sq. Das Epigramm des Mesomedes A. Plan. 323 verwandet tro-
chaische Dimeter in ähnlicher Weise.

2) Kaibel Rhein. Mus. 34, 210.

3) Norden de Stilone Cosconio Varrone p. 13 adn. 2 leitet die catullische Neuerung aus
grammatischer Lehre her.

dass man den baccheischen Tetrameter in der Metrik einmal versus Plautinus tituliren würde. Eines geht der Analogie ab, und darin liegt vielleicht der Unterschied dieser römischen Verabildung von der griechischen: das Mass hat kein ἦθος mehr (wie es das anapästische bei Plautus in der Regel hat): es dient für bewegte Stimmung wie für ruhige Unterhaltung und moralische Betrachtung; in ähnlicher Weise farblos wie die Glyconeen der jüngeren Tragödie.

Auf zwei Stellen der Tragödie mit gehäuften Baccheen muss ich noch eingehen, obwohl ich damit von der graden Linie dieser Erörterung abweiche. Die Stellen folgen im Liede des Φρύξ rasch aufeinander (Or. 1418. 1437), ohne doch einen Beweis gegen Hephaestion abzugeben; denn es sind ohne Zweifel Jamben, aber in einer langen Folge so entschieden baccheisch gebaute, dass ohne die Musik der baccheische Schein vollkommen ist. (G. Hermann und viele nach ihm haben den grössten Theil dieser Verse kretisch gemessen; dagegen spricht die Composition der ganzen Monodie, die aus Trochäen Jamben Dochmien Anapästen und wenigen daktylischen und äolischen Reihen besteht. v. 1416 beginnt mit 2 Jamben und 1 dochmius, dann folgen Jamben:

> ἀνὰ δὲ δρομάδες ἔθορον ἔθορον ἀμφίπολοι Φρύγες·
> προσέπι δ' ἄλλος ἄλλον πεσὼν ἐν φόβῳ, μή τις εἴη δόλος. κά-
> δόκει τοῖς μὲν οὐ τοῖς δ' ἐς ἀρκυστάταν μηχανὰν ἐμπλί-
> κειν παῖδα τὰν Τυνδαρίδ' ὁ ματροφόντας δράκων.

Es sind 14 jambische metra, die ein dochmius abschliesst wie einer voraufging; von den 14 metra ist das erste vollständig, die folgenden 12 sind sämmtlich mit Unterdrückung der 2. Senkung rein baccheisch gebildet ◡——, nur das dem dochmius voraufgehende löst die erste Hebung auf. v. 1436 folgen auf Anapäste 2 Dochmien, dann Jamben:

> φάρεα πορφύρεα, δῶρα Κλυταιμήστρᾳ.
> προσέπιν δ' Ὁρέστας Λάκαιναν κόραν· ὦ Διὸς καί, θὲς ἴχ-
> νος πέδῳ δεῦρ' ἀποστᾶσα κλισμοῦ.

Auf diese 9 Jamben mit der Messung ◡—— folgt noch eine Reihe anderer. Eine solche Häufung von Baccheen, die doch keine Baccheen sind, zweimal auf so kleinem Raume, ist ein Kunstmittel von augenscheinlicher Absicht. Das Lied, in dem es angewendet ist, ist eines der berühmtesten, man kann nicht zweifeln, dass in der dramatischen Lyrik dieser Effect nachgeahmt worden ist. Auch hier finden wir Plautus mit einer absonderlichen Form in der Continuität der modernen griechischen Technik; das Lied des Menächmus 571 beginnt mit der baccheischen Periode:

> ut hoc utimur maxume more moro molestoque multum, at-
> que uti quique sunt optumi maxume morem habent hunc: cli-
> entes sibi omnes volunt esse multos: bonine an mali sint, id
> haud quaeritant; res magis quaeritur quam clientum fi-
> des cuius modi clueat. sint pauper atque hau malus, ne-
> quam habetur, sin dives malust, is cliens frugi habetur.

Hier haben wir einen Abkömmling der Monodie des Phryx, dies schwerlich in
selbständiger Uebertreibung der euripideischen Form, sondern vermuthlich einem
griechischen Nachzügler des Euripides nachgebildet; aber das Vorhandensein
solcher Bildungen konnte Plautus darauf führen, die ächten Baccheen für seine
Metropöie aufzugreifen und durchzubilden.

   Anders steht es mit den kretischen Tetrametern.   Kretiker finden wir zwar
in der Tragödie nur selten angewendet[1]); ja Aristophanes macht dem Euripides
einen Vorwurf aus den kretischen Monodien des einen Stückes, das solche enthielt; aber in der alten Komödie sind die Kretiker häufig, grosse und kleine
Verse, auch stichisch gefügte Tetrameter (τὸ πολυθρύλητον τετράμετρον Hepb.
41, 4). Mir schienen daher die plautinischen Kretiker eins der sichersten Ar-
gumente für die Rückführung der plautinischen Polymetrie auf die alte Komödie
zu sein (Rhein. Mus. 40, 170). Es bleibt aber ein Bedenken in der metrischen
Behandlung, die Ersetzung der in der attischen Metrik häufigsten Form −⏑⏑
durch die dreisilbige −⏑− in der plautinischen. Dies aus der Natur der λέξις
zu erklären, wie es a. a. O. geschehen ist, führt in die Irre, da in der griechischen Technik derselbe Gegensatz spielt. Zunächst kann die Seltenheit der
Kretiker in den erhaltnen Tragödien unser Urtheil nicht mehr bestimmen. Euripides hat selbst auch in andere Lieder seiner späteren Zeit das Maass eingelassen,
vgl. Phoen. 1525 (nach choriambischen ionici) τίν' ἐπὶ πρῶτον ἀπὸ χαίτας σπα-
ραγμοῖς ἀπαρχὰς βάλω, Or. 317 (s. u.)[2]); aber auch ohne das ist es mehr als
wahrscheinlich, dass die jüngere dramatische Lyrik dem Beispiele gefolgt ist,
über das Aischylos in den Fröschen sich beklagt. Von den delphischen Hymnen
sind zwei in kretischen Perioden gedichtet[3]), wie durch Hephaestion schon
früher ein kretischer Vers aus Δελφικά (Choerob. 84, 1) bekannt war; das ist
freilich durch alten Gebrauch geheiligte Form[4]). Aber sicher in den Zusammenhang der hellenistischen Technik führt uns wiederum Hephaestions Mittheilung
p. 42, 1 (nach Anführung päonischer Tetrameter): Σιμμίας δ' ἱκετήθευσεν ἐν
τισι ποιήμασι τοὺς πλείστους κρητικοὺς παραλαμβάνειν (σοὶ μὲν εὔιππος εὔπωλος
ἐγχέσπαλος). Wie in diesen Gedichten die Form −⏑−, so hat er in einem anderen
die Form ⏑⏑⏑⏑ vorherrschen lassen, offenbar diese wie jene dem Charakter der
Lieder entsprechend. Hier haben wir die plautinische Form; Plautus fand sie
vor, nicht in der hieratischen Poesie, die wir in Delphi finden, sondern in der
ihr nachgebildeten eines berühmten hellenistischen Verskünstlers; ihm folgend
τοὺς πλείστους κρητικοὺς παραλαμβάνει.

----

1) Ueber die cretici in Lyrik und Drama vgl. v. Wilamowitz comm. metr. I 5 sq.

2) Bei Mar. Vict. 98, 13 heisst Εὐριπίδειον der Vers −⏑−−⏑− −⏑−⏑−⏑−, was
natürlich Trochäen sein können, wie πολλὰ μὲν γᾶ τρέφει δεινὰ δειμάτων ἄχη (vgl. v. Wilamowitz
Her. II 27 Orestie II 256 sq.). Aber freilich erscheint die Verbindung in der Parodie Ran. 1358
(oben S. 18).

3) Die Formen der metra zusammengestellt von Crusius die delph. Hymn. 54.

4) Vgl. Crusius a. A. 52.

Neben dem Tetrameter hat Plautus stichische Partien die aus diesem Verse gebildet sind —◡——◡— —◡—◡— (oben S. 11), denselben auch einzeln und mit Tetrametern vermischt. Welchen metrischen Sinn hat der Vers? Er stellt sich zunächst als trochäisch mit unterdrückten Senkungen oder als kretisches mit trochäischem Kolon dar. Wenn das die Meinung war, so ist es nicht griechisch gedacht (oben S. 8) und Plautus hat geirrt wie unsere Metriker, die an eine 'katalektische trochäische Tripodie' glauben. Dass er in der That anders gedacht hat und uns durch seinen Vers einen wirklichen kretischen Vers der späten dramatischen Lyrik ins Licht rückt, lehrt uns die Parodie der euripideischen Kretermonodie Ran. 1356:

ἀλλ' ὦ Κρῆτες, Ἴδας τέκνα, τὰ τόξα ⟨τε⟩ λαβόντες ἐπαμύνατε
τὰ κῶλά τ' ἀμπάλλετε κυκλούμενοι τὴν οἰκίαν.
ἅμα δὲ Δίκτυννα παῖς Ἄρτεμις καλά
τὰς κυνίσκας ἔχουσ' ἐλθέτω διὰ δόμων πανταχῇ.

Auf einen Spondeus und 7 Kretiker folgt ein trochäischer Dimeter (vgl. S. 74 A. 2), dann die Verse

◡◡◡— —◡— —◡—◡—
—◡—◡— —◡— —◡—.

Hier liegt derselbe Vers vor wie der plautinische *in fabrorum potestate dum fui.* Man könnte unter anderen Umständen die Möglichkeit nicht zurückweisen, dass Aristophanes, der v. 1355 dochmisch geschlossen hat, auch Ἄρτεμις καλά habe als dochmius fassen wollen; aber die Periode ist rein kretisch, eingemischt (1357) ein richtiges troch. Kolon: das Kolon Ἄρτεμις καλά kann also nur entweder kretisch oder trochäisch sein; da es nicht trochäisch ist, so ist es kretisch, mit dem kretischen Kolon zu einem kretischen Verse verbunden. Noch einmal kann ich den Vers in der jüngeren Tragödie nachweisen [1]): Soph. Phil. 201. 210)

ἀλλ' ἴσχε τέκνον. λέγ' ὅτι. φροντίδας νέας·
ὡς οὐκ ἔξεδρος, ἀλλ' ἔντοπος ἀνήρ.

hier folgt auf —◡◡◡—◡◡ —◡—◡— ein jonischer Trimeter, dann Glyconeen; der Gedanke an Dochmien liegt fern, es ist der kretische Vers, den Aristophanes dem Euripides aufmutzt, von dem es nun sehr wahrscheinlich ist, dass er auch sonst in kretischen Liedern der jüngeren dramatischen Lyrik vorkam. Hiernach ist das Kolon —◡—◡— als ein dem kretischen Masse angehöriges Kolon anzusehen; es verhält sich zum creticus wie der dochmius zum baccheus; dass es bei Plautus, auch ausser der Verbindung mit dem kretischen Dimeter, seine feste Stelle in kretischen Liedern hat, ist oben S. 11 sq. nachgewiesen. Dann aber klärt sich auch der andere Vers auf, der bei Plautus mit dem eben behandelten abwechselnd, auch stichisch (Most. 339 sq. 696 sq. Rud. 215 sq.) oder vereinzelt erscheint, der Vers —◡——◡— —◡◡— *nunc dormitum iubet me ire, minime.* Das

---

1) Eur. Or. 316 ist αἰαῖ (und ἀ Ζεῖ) am Anfang nicht abzutrennen, sondern αἰαῖ, δρομάδες ἃ πτεροφόροι ποτνιάδες θεαί sind 2 Dochmien mit zwischentretendem creticus. Die Strophe besteht danach ganz aus Dochmien mit einmal eingesprengtem —◡—◡.

10*

Kolon $-\cup\cup-$ ist überhaupt in der griechischen Metrik nicht nachzuweisen [1]). Plautus hat es auch verdoppelt, in dem S. 13 besprochenen kretischen Liede Truc. 120:

> pessuma, mane.
> optume, odio es [2]).

Ferner hat er es mit $-\cup-\cup-$ verbunden, auf eine aus den Versen $-\cup--\cup-$ $-\cup-\cup-$ und $-\cup--\cup-$ $-\cup\cup-$ bestehende Partie folgend, Most. 344 *da illi quod bibat. dormiam ego iam*, danach doppeltes $-\cup-\cup-$. Er behandelt also die beiden cola $-\cup-\cup-$ und $-\cup\cup-$ ganz auf gleichem Fusse. Es ist sehr wahrscheinlich, dass wir es auch in dem zweiten mit einem Bestandtheil kretischer Lieder zu thun haben, von dem wir nur deshalb aus der griechischen Metrik nichts wissen, weil uns kretische Lieder der jüngeren Tragödie nicht zu Gebote stehen; die Metriker aber überliefern auch aus den dochmischen Liedern das häufige Auftreten der versprengten Stückchen wie $-\cup-$, $\cup--$, $\cup-$ nicht. Dass Plautus eine Clausel wie $-\cup\cup-$ selbst gebildet haben wollte ist gar nicht zu glauben, man fände nirgend eine Anknüpfung oder Analogie dafür.

Dies ist im wesentlichen was im Formenschatze des Plautus von der Art der uns überlieferten griechischen Lieder abweicht. Wir haben Alles an das Material wie an die hellenistische Technik anknüpfen können. Damit ist das Fremdartige der plautinischen Lyrik gehoben und sie erscheint als ein Glied in der Kette der griechischen Kunstentwicklung. Der poeta barbarus hatte doch ein Recht sich ποιητής zu nennen und es ist doch keine Ungerechtigkeit der Geschichte, dass sie so viele feine Töne hat verklingen lassen und die grobkörnige Arbeit des Fremden, der aus dem attischen Stoff und den griechischen Formen ein neues Musikdrama von reichem und starkem Klange geschaffen hat, bis heute bewahrt.

II.

Die Lieder.

1.

Es kann nach den Ergebnissen, die wir für die Versformen der plautinischen cantica aus der Analyse und der metrischen Tradition gewonnen haben, kein Zweifel sein, dass auch die Lieder und Liedscenen als Ganze in der Continuität der griechischen Technik stehen. Mit dieser Erkenntniss kann meine frühere Hypothese, dass Naevius und Plautus, als sie die chor- und liedlose attische Komödie mit Liedern und Wechselliedern ausstatteten, auf das Vorbild

---

1) Dass die byzantinischen Tractate περὶ ποδῶν den ποὺς $-\cup\cup-$ δυμελικός oder στρόγγιος nennen thut natürlich nichts zur Sache (Studemund A. V. 285, 11; 296, 27). Den ποὺς $-\cup-\cup-$ nennen sie ὑποδόχμιος oder ἀντισπαστόδοχος.

2) Von Priscian II 422 unrichtig als jambische Monometer erklärt.

der ἀρχαία κωμῳδία zurückgegriffen hätten, nicht mehr bestehen. Freilich haben nationalrömische Metriker dieselbe Vermuthung ausgesprochen[1]); aber wenn auch die Möglichkeit offen bleibt, dass die Herleitung für bestimmte einzelne Versarten zutrifft, so trifft sie für die gesammte Technik und damit auch für die Lieder als Kunstgebilde ohne Frage nicht zu. Es war nur eine Divination als Wilamowitz aussprach, dass von den Gesängen der neuen Bühne und dem neuen Dithyrambus die Brücke zu den Massen des römischen Dramas zu schlagen sei[2]); aber die Thatsachen haben seine Divination bestätigt.

Denn auch daran kann kein Zweifel bestehen, welches Gebiet der griechischen Dichtung als Vorbild und Ausgangspunkt der plautinischen Lieder zu betrachten und daher mit ihnen in Vergleichung zu ziehen ist. Es ist die junge dramatische Lyrik, wie sie sich in der Tragödie nach Euripides fortgebildet hat und in anderen Formen und Spielarten (Athen. XIV, 620. 621)[3]) des Bühnenspiels lebendig war; ein solches Lied dramatischen Charakters besitzen wir nun und es lehrt uns an einem sicheren Beispiele, dass jene Poesie in ihren Versen und als Ganzes durchaus in der Tradition der euripideischen Monodie stand.

Für die Composition der plautinischen cantica sind zwei Eigenschaften in erster Linie charakteristisch: einmal die Buntheit der Polymetrie, die äusserste Freiheit in der Verbindung der Versarten; zwar sind viele cantica metrisch einfach, ja vom einfachsten stichischen Bau, aber viele vereinigen auf kleinem Raum eine Fülle der verschiedensten Formen. Dieselbe Polymetrie ist charakteristisch für die Lyrik der jüngeren Tragödie[4]). Zum andern sind die sämmtlichen plautinischen cantica ohne Responsion, Plautus kennt keinen strophischen Bau. Dasselbe gilt für die Monodien der jüngeren Tragödie, denen die kommatischen Scenen folgen[5]), sowie für den neuen Dithyrambus[6]). Wir wissen jetzt, dass dies kein äusserliches Zusammentreffen bedeutet, sondern dass das Aufgeben der strophischen Composition tief begründet ist in der Geschichte der Musik und der mit ihr zusammenhängenden Entwicklung der Bühnenlyrik[7]). In dem völligen Fehlen der ἀνταπόδοσις und ἀνακύκλησις in den plautinischen Liedern liegt ein vollkommener Beweis für ihren unmittelbaren Zusammenhang mit der hellenistischen Technik.

---

1) Mar. Vict. p. 78, 22 (Apthonius) und Firmianus (Lactantius) bei Rufin p. 564, 11, beide aus Thacomestus (Theomnestus), vgl. Herm. 24, 293 A.

2) Hermes 18, 249, vgl. Rhein. Mus. 40, 166 Nachr. d. Gött. Ges. 1896, 232.

3) v. Wilamowitz Nachr. d. Gött. Ges. 1896, 230, Crusius Philol. 55, 362.

4) v. Wilamowitz Hermes 18, 248.

5) Vgl. v. Wilamowitz Her. I 147 Isyllos 161 ff.

6) Aristot probl. 19, 15 p. 918ᵇ 13 διὰ τί οἱ μὲν νόμοι οὐκ ἐν ἀντιστρόφοις ἐποιοῦντο, αἱ δὲ ἄλλαι ᾠδαὶ αἱ χορικαί; — διὰ καὶ οἱ διθύραμβοι, ἐπειδὴ μιμητικοὶ ἐγίνοντο, οὐκέτι ἔχουσιν ἀντιστρόφους, πρότερον δὲ εἶχον. — τὸ δ' αὐτὸ αἴτιον καὶ διότι τὰ μὲν ἀπὸ τῆς σκηνῆς οὐκ ἀντίστροφα, τὰ δὲ τοῦ χοροῦ ἀντίστροφα. Hephaest. p. 66.

7) Crusius die Delph. Hymnen 118 ff., Th. Reinach Bull. de corr. hell. 18, 386, Gevaert Revue de l'Instr. publ. en Belg. 89 H. 4 (S. 8 ff. des S. A.).

Auch eine andere Erwägung führt auf denselben Punkt. In der jüngeren Euripideischen Tragödie tritt der Chorgesang mehr und mehr zurück und wird durch den Gesang von der Bühne verdrängt; d. h. die Schauspieler werden in steigendem Masse an den Gesangpartien betheiligt[1]). Ich glaube nicht, dass die griechische Tragödie jemals den Chor aufgegeben hat, wenn es auch wahrscheinlich ihre römischen Bearbeiter gethan haben[2]). Aber dass Gesang und Wechselgesang auf der Bühne nach Euripides einen noch breiteren Raum eingenommen haben als in seinen letzten Stücken, das macht die letzte Entwicklung des Euripides selbst wahrscheinlich; es liegt in der Natur einer Einwirkung, wie die Euripideische Kunst sie auf die Folgezeit geübt hat, dass die charakteristischen Eigenheiten über das erreichte Mass hinausgeführt werden. Bei Plautus finden wir die Form des Dramas, die als Endpunkt dieser Entwicklung vorauszusetzen ist. Er hat Stücke mit wenigen oder gar keinen zweifellos für Gesang bestimmten Scenen[3]); in anderen Komödien aber ist die grosse Mehrzahl der Personen an Gesangscenen betheiligt: in der Casina alle ausser dem einen senex und dem einen Sklaven (der nur v. 955 durch seinen Anruf das canticum zum Schlusse bringt und gleich in Septenaren weiter spricht), in der Mostellaria alle ausser der alten Dienerin und dem Wechsler, im Pseudolus alle ausser dem einen senex, dem einen adulescens und zwei Nebenfiguren, im Truculentus alle ausser dem Truculentus, dem Bauernknaben, dem alten Herrn, in den Bacchides alle ausser Lydus, Cleomachus, dem Parasiten. Es ist das Singspiel der zu seiner Zeit lebendigen griechischen Bühne, deren musikalische Form Plautus der menandrischen Komödie aufgepropft hat. Ueber das so erwachsene Kunstgebilde wird das Urtheil vielleicht verschieden ausfallen, auch nicht für modernes Gefühl leicht zu fundiren sein; aber gewiss tritt durch diese Erkenntniss Plautus in die vorderste Reihe der Zeugen für die Entwicklung der griechischen Liederformen.

Bei dieser Sachlage müsste ich, um den folgenden Bemerkungen über die plautinischen Lieder den Hintergrund zu geben, zuerst von dem Bau der euripideischen Monodien und χομμοί handeln. Das würde über die meiner Abhandlung und mir selbst gesteckten Grenzen hinausführen; im allgemeinen muss ich auf die Commentare von Wilamowitz verweisen. Aber der Notwendigkeit, einige Beispiele anzuführen, die für die junge dramatische Lyrik besonders charakteristisch sind, kann ich mich nicht entschlagen; sie werden mehr als viele Worte

---

1) v. Wilamowitz Hermes 18, 242 Her. I 148.

2) Bethe Proleg. zur Gesch. d. Theaters 246 ff. Reisch das griech. Theater 258 ff. Dass sich Euripides nicht ohne Chor aufführen liess, hat Robert G. G. A. 1897, 89 dargelegt. Ein litterarisches Zeugniss von der Existenz des Chors finde ich darin, dass Aristoteles und die peripatetische Theorie von der Existenz einer chorlosen Tragödie nichts wissen. Die Rolle, zu der der Chor in der nacheuripideischen Tragödie gesunken sein muss, tritt uns bei Seneca entgegen; mögen diese Stücke gespielt worden sein oder nicht, sie sind ein Zeugniss für die Entwicklung.

3) Vgl. H. Schenkl in der Abhandlung Serta Harteliana p. 104 sq., in der zum ersten mal auf die Wichtigkeit des Gesichtspunktes hingewiesen und Fingerzeige für eine eingehende Untersuchung gegeben sind. Weiteres unten.

zur Illustration des Hauptsatzes dienen, dem ich Eingang verschaffen möchte: dass die plautinischen und diese griechischen Lieder in dieselbe Sphäre der dramatischen Lyrik gehören, dass von Euripides zu Plautus eine directe Richtungslinie führt[1]).

Das berühmteste Lied aus der letzten Zeit des Euripides ist die Arie des phrygischen Sclaven Or. 1369—1502. Man geht gewiss nicht fehl, wenn man dieses Stück unter die Muster der auf Euripides folgenden dramatischen Lyrik rechnet. Ich gebe v. 1369—1457 ohne die Zwischenreden des Chors (in Trimetern); das Folgende hat v. Wilamowitz Orestie II 258 (v. 1458—1472) und Nachr. der G. G. 1896, 218 (v. 1473—1502) analysirt.

I 1369	Ἀργεῖον ξίφος ἐκ θανάτου πέφευγα βαρβάροις ἐν εὐμαρίσι κεδρωτὰ παστάδων ὑπὲρ τέραμνα	dact.-epitr.
	Δωρικάς τε τριγλύφους,	2 tr.
	φροῦδα φροῦδα, γᾶ γᾶ,	2 tr.
	βαρβάροισι δρασμοῖς.	2 tr.
1375	αἰαῖ.	
	πᾶ φύγω, ξέναι, πολιὸν αἰθέρ' ἀμπτάμενος ἢ πόντον Ὠκεανὸς ὃν ταυρόκρανος ἀγκάλαις ἑλίσσων κυκλοῖ χθόνα;	10 tr.
II 1381	Ἴλιον Ἴλιον ὤμοι μοι	
	Φρύγιον ἄστυ καὶ καλλίβωλον Ἴδας ὄρος ἱερὸν ὥς σ' ὀλόμενον στένω	4 dochm.
1385	ἁρμάτειον ἁρμάτειον μέλος βαρβάρῳ βοᾷ	3 d.
	διὰ [τὸ τὰς] ὀρνιθόγονον ὄμμα κυκνοπτέρου	2 d.
	καλλοσύνας, Λήδας σκύμνου, δυσελέναν	2 d.
	ξεστῶν Περγάμων Ἀπολλωνίαν	2 d.
1390	Ἐρινύν. ὀττοτοῖ	2 i.
	ἰαλέμων ἰαλέμων	2 i.
	Δαρδανία τλάμων Γανυμήδεος	4 dact.
	ἱπποσύνα, Διὸς εὐνέτα.	glyc.
IIIa 1395	αἴλινον αἴλινον ἀρχὰν θρήνου	2 an.
	βάρβαροι λέγουσιν,	ith.
	αἰαῖ,	
	Ἀσιάδι φωνᾷ, βασιλέων	2 i.
	ὅταν αἷμα χυθῇ κατὰ γᾶν ξίφεσιν	2 an.
	σιδαρίοισιν Ἄιδα.	2 i.
b 1400	ἦλθον [εἰς] δόμους, ἵν' αὖθ' ἕκαστά σοι λέγω,	3 i.
	λέοντες Ἕλλανες δύο διδύμω· τῷ μὲν ὁ στρατηλάτας πατὴρ ἐκλῄζετο,	6 i.
1403	ὁ δὲ παῖς Στροφίου, κακόμητις ἀνήρ, bis 406:	4 × 2 an.

---

[1] Die Stellen besonders anzugeben, oder deren richtige Messung mich Wilamowitz belehrt hat, scheint mir überflüssig, da wir das Verständniss der lyrischen Metrik des Dramas überhaupt ihm verdanken.

1407 ἱρροι τᾶς ἡσύχου προνοίας   3 i.
    κακοῦργος ὤν. οἱ δὲ πρὸς θρόνους ἴσω   3 i.
    μολόντες ἅς ἰγηρ' ὁ τοξότας Πάρις   3 i.
1410 γυναικός, ὄμμα δακρύοις πεφυρμένοι, ταπεινοί   4 i.
    ἷζονθ', ὁ μὲν τὸ κεῖθεν ὁ δὲ τὸ κεῖθεν, ἄλλος ἄλλοθεν πε-
                                            φραγμένοι.   5 i.
c 1415 περὶ δὲ γόνυ χέρας ἱκεσίους ἰβαλον ἰβαλον Ἐλίνας ἔμφω.   3 i. 1 an.
    ἀνὰ δὲ δρομάδες ἰθορον ἰθορον ἀμφίπολοι Φρύγες.   2 i. 1 d.
d 1420 προσεῖπε δ' ἄλλος ἄλλον πεσὼν ἐν φόβῳ μή τις εἴη δόλος
    κάδομει τοῖς μὲν οὐ, τοῖς δ' ἐς ἀρκιστάταν μηχανὰν
    ἐμπλέκειν παῖδα τὰν Τυνδαρίδ' ὁ ματροφόντας δράκων.   14 i. 1 d.
IV a 1426 Φρυγίοις ἔτυχον Φρυγίοισι νόμοις   2 an.
    παρὰ βόστρυχον αὔραν αὔραν   2 an.
    Ἐλίνας Ἐλίνας εὐπάγι κύκλῳ   2 an.
1430 πτερίνῳ πρὸ παρηίδος ἄσσων [βαρβάροισι νόμοισιν] [1].   2 an.
b   ἁ δὲ λίνον ἠλακάτα δακτύλοις ἰλισσε νῆμά θ' ἴετο πέδῳ   5 i.?
1435 σκύλων Φρυγίαν ἐπὶ τύμβον ἀγάλματα συστολίσαι χρῄζουσα
                                                          λίνῳ   4 an.
    φάρεα πορφύρεα, δῶρα Κλυταιμήστρᾳ.   2 d.
c   προσεῖπεν δ' Ὀρίστας Λάκαιναν κόραν· ὦ Διὸς παῖ, θὲς
1440   ἴχνος πέδῳ δεῖρ' ἀποστᾶσα κλισμοῦ, Πέλοπος ἐπὶ
        προπάτορος ἰδραν παλαιᾶς ἑστίας, ἵν' εἰδῇς
    λόγους ἐμούς. ἄγει δ' ἄγει νιν· ἁ δ' ἐφείπετ', οὐ πρόμαντις
1445   ὢν ἐμελλεν· ὁ δὲ σύνεργος ἄλλ' ἐκρασσ' ἰὼν κακὸς
                                                     Φωκεύς·   9 i.
    οὐκ ἐκποδὼν ἴτ', ἀλλ' ἀεὶ κακοὶ Φρύγες;   3 i.
    ἐκλῃσε δ' ἄλλον ἄλλοσ' ἐν στέγαισι, τοὺς μὲν ἐν σταθμοῖσιν
                                                        ἱππικοῖς, 5 i.
1450 τοὺς δ' ἐν ἐξέδραισι, τοὺς δ' ἐκεῖσ' ἐκεῖθεν, ἄλλον ἄλλοσε
    διαρμύσας· ἀποπρὸ δεσποίνας.   4 i. 2 d.
V a   Ἰδαία μᾶτερ, μᾶτερ,   2 an.
    ὀβρίμα ὀβρίμα, αἰαῖ   3 dact.?
1455 φονίων παθίων ἀνόμων τε κακῶν ἄπερ ἰδρακον ἰδρακον ἐν
                                    δόμοις τυράννων.   3 an. 1 ith.
b   bis 1472 trochäisch.
VI 1474 bis Schluss. Jamben Anapäste Dochmien.

Das Lied ist dadurch besonders geeignet, die Compositionsart zu veran-
schaulichen, dass die Hauptabschnitte (I bis VI), in sehr ungleicher Ausdehnung,
durch die Zwischenreden gesondert sind; dadurch ist es auch für dieses Lied
von vornherein deutlich, dass die inhaltlichen Abschnitte auch metrisch ausein-

---

andertreten. Innerhalb dieser Abschnitte lösen sich wieder metrische Perioden
aus, von denen ich die am deutlichsten ins Ohr fallenden notirt habe. Die Viel-
heit, die Häufung und Abwechselung der Masse erhellt aus der Uebersicht ohne
Worte; trochäische, jambische, dochmische, anapästische Verse herrschen vor,
Daktyloepitriten leiten ein, Daktylen und glyconeus werden einmal als Abschluss
verwendet.

Das zweite Beispiel. das ich vorführen will. ist die Parodie der euripideischen Monodie in den Fröschen, die durch die Verse eingeleitet wird (1829):

> τὰ μὲν μέλη σου ταῦτα· βούλομαι δ' ἔτι
> τὸν τῶν μονφδιῶν διεξελθεῖν τρόπον.

Dass es eine gute Parodie ist, dafür bürgt der Dichter, die unwiderstehliche
Wirkung beweist es. es ist aber auch im Ganzen wie im Einzelnen, für die Form
und die Formen, leicht nachzuweisen. Eine gute Parodie ist aber für unsern
Zweck besonders geeignet, da sie ja keine andere Absicht hat als die typischen
Eigenschaften der parodirten Gattung grell hervortreten zu lassen; es kann nicht
wohl anders sein als dass die zur Nachahmung auffordernden, zur Nachwirkung
bestimmten Eigenheiten des Monodienstils sich hier besonders vordrängen und
damit uns gleichsam in die folgende Epoche der Gattung mit hineinführen. An
einem wichtigen Punkte, der Verwendung des kretischen Masses, haben wir oben
(S. 75) diese Bedeutung der Parodie bereits nachweisen können.

I 1331 Ὦ Νυκτὸς κελαινοφαὴς   glyc.

> ὄρφνα, τίνα μοι δύστανον ὄνειρον πέμπεις ἐξ ἀφανοῦς
> Ἀίδα + πρόμολον, ψυχὰν ἄψυχον ἔχοντα, μελαίνας   7 an.

1336 Νυκτὸς παῖδα φρικώδη δεινὰν ὄψιν [μελανο]νεκνείμονα[1]), 3 d.

> φόνια φόνια δερκόμενον, μεγάλους ὄνυχας ἔχοντα.   dact.-epitr. (e. d. e.)

II a   ἀλλά μοι, ἀμφίπολοι, λύχνον ἅψατε κάλπισί τ' ἐκ ποταμοῦ

>   δρόσον ἄρατε θέρμετε δ' ὕδωρ,   10 dact.

1340 ὡς ἂν θεῖον ὄνειρον ἀποκλύσω· ἰώ   5 dact.

> πόντιε δαῖμον.   2 dact.

b   τοῦτ' ἐκεῖν'· ἰὼ ξύνοικοι, τάδε τέρα θεάσασθε· τὸν ἀ-

> λεκτρυόνα μου ξυναρπάσασα φρούδη Γλύκη.   9 tr.

c 1345 Νύμφαι ὀρεσσίγονοι, ὦ Μανία, ξύλλαβε.   dact.-epitr. (d. e. e.)

III a   ἐγὼ δ' ἁ τάλαινα   2 bacch.

> προσέχουσ' ἔτυχον ἐμαυτῆς   2 ion.
> ἔργοισι λίνου μεστὸν ἄτρακτον   3 ion.
> εἱειλίσσουσα χεροῖν,
> κλωστῆρα ποιοῦσ', ὅπως   } glyc.

1350 κνεφαῖος εἰς ἀγορὰν
> φέροισ' ἀποδοίμαν.

b   ὁ δ' ἀνέπτατ' ἀνέπτατ' ἐς αἰθέρα κουφοτάταις πτερύγων 3 an.

> ἀκμαῖς, ἐμοὶ δ' ἄχε' ἄχεα κατέλικε, δάκρυα δάκρυά τ' ἀπ'

---

1) Die Interpolation entfernt von Wilamowitz, v. 1356 n. 1362 von demselben ergänzt.

1355   ὀμμάτων ἰβαλον ἰβαλον ἁ τλάμων.   5 i. 1 dochm.

IV   ἀλλ ὦ Κρῆτες, Ἴδας τέκνα, τὰ τόξα ⟨τι⟩ λαβόντις ἐπα-
              μύνατι τὰ κῶλά τ' ἀμπάλλετι κυκλούμενοι τὴν
                                            οἰκίαν.   1 spond. 7 cret. 2 tr.

       ἅμα δὲ Δίκτυννα παῖς Ἄρτεμις καλά   2 cret., col.
1360 τὰς κυνίσκας ἔχουσ' ἐλθέτω διὰ δόμων πανταχῇ.   5 cret.

V   σὺ δ' ὦ Διὸς   i.
       ⟨παῖ⟩, δικύρους ἀνέχουσα
       λαμπάδας ὀξυτάτας χεροῖν, Ἑκάτα, παράφηνον   ⎱ dact.-epitr.
       ἐς Γλύκης, ὅπως ἂν εἰσελθοῦσα φωράσω.   ⎰ (3 d. 4 e.)

Die Perioden sondern sich scharf nach Inhalt und Metrum: I der Traum,
äolisch anhebend und in Daktyloepitriten auslaufend, in der Mitte Anapäste und
Dochmien, also so bunt wie möglich; II: a) die Absicht der Sühnung, Daktylen
(mit Systole in ἀποκλύσω) b) Entdeckung des Diebstahls, Trochäen c) erster
Hilferuf, Daktyloepitriten; also auf a) und b) vertheilt die in c) vereinigten
metrischen Gattungen; der Schluss von II klingt an den von I an, im übrigen
sind die metra grundverschieden. III Erzählung und Klage: a) wieder von
ganz neuer Art, jonisch-äolisch, im Satze übergehend; b) Anapäste (wohl eigentlich Dochmien) und Jamben dochmisch schliessend: dieser Abgesang erinnert an
die mittlere Hauptpartie von I wie der von II an den Abgesang von I. Nun
folgt (IV) die Herbeirufung der Kreter und der Artemis, in 14 reinen cretici,
voraus ein Spondeus, untermischt 2 trochäische cola, die uns aus der plautinischen
Technik vertraut sind. Bis hierher hat also jede Periode ihren specifischen metrischen Charakter, die Buntheit der Formen und des ganzen Bildes ist aufs
äusserste getrieben. Wie aber einzelne Fäden von Periode zu Periode führen
(auch die paar Trochäen in IV erinnern an die in II), so wird das ganze Lied
durch eine grössere daktyloepitritische Periode (V Herbeirufung der Hekate, zum
Leuchten, und Uebergang zur That) abgeschlossen, d. h. durch die Versgattung,
von der kleinere Reihen auch die Perioden I und II abschliessen. So bekommt
das Ganze, zerfetzt und zerfallend wie es ist, noch eine Art von Rundung und
Rahmen.

Hier schliesst sich nun (da der Rhesos archaisirt) für unsere Kenntniss unmittelbar das Grenfellsche Lied an, von dem Wilamowitz nachgewiesen hat, dass
es völlig in diesen Kreis der metrischen Form hineingehört. Es steht auch darin der aristophanischen Parodie besonders nahe, dass hier wie dort das Lied
zwar als dramatisch, aber isolirt uns entgegentritt und die Situation der Sin-
genden aus dem Liede allein hervorgehen muss. Es wird hier recht greifbar,
wie aus der euripideischen Monodie eine eigne Gattung von der Art der Hila-
rodie hervorgehen konnte.

Der erhaltne Theil des Liedes[1]) zerfällt in 4 metrische Abschnitte, die zu-

---

1) Es genügt auf die Erörterungen von Wilamowitz (Nachr. G. G. 1896, 209) und Crusius
(Philol. 55, 355) zu verweisen. Crusius' Auffassung von der metrischen Gestalt des Liedes halte

gleich Abschnitte des Inhalts und daher durch παράγραφοι [1]) von einander getrennt sind: I Exposition II Wanderung III vor dem Hause IV Drohung und Ein-
lenken. Der 4. Abschnitt setzte sich vielleicht auf der folgenden Columne, von
der nur die Zeilenanfänge erhalten sind, fort; diese enthielt noch 3 weitere Abschnitte, wahrscheinlich die letzten [2]). Von den erhaltenen Abschnitten ist der
1. 2. und 4. dochmisch-jambisch, mit anapästischen cola die als Ersatz der Dochmien stehen, der 1. durch einen daktylischen Hexameter abgeschlossen; der dritte
besteht aus 20 reinen Dochmien, alle durch Wortschluss und mehrere durch
Freiheit des Versschlusses gesondert. Dies ist eine wenigstens dem Grade nach
neue Erscheinung in der dramatischen Lyrik; die stichischen Dochmien treten
zu den stichischen Partien der plautinischen Lieder, besonders zu den stichischen
Dimetern und anderen Kurzversen, in eine Art von Parallele. Aber es ist eben
wie das Ganze nur eine Fortbildung des in der letzten Zeit des Euripides und
Sophokles Geläufigen; und nicht die Abweichung, sondern die im allgemeinen
vollkommene Gleichheit der Composition ist es was ins Auge fällt. Wir haben
also hier in der That das griechische Mittelglied zwischen der euripideischen
und plautinischen Technik; nur ein kleines Stück, aber eines das von der Jahr-
hunderte hindurch dauernden productiven Wirkung der euripideischen Lyrik,
entsprechend der Wirkung seiner ganzen Kunst, redendes Zeugniss gibt.

Dies ist die Grundlage, auf der die Beobachtung der plautinischen cantica
vorzunehmen ist; denn die Gesichtspunkte, aus denen ihre Composition zu beur-
theilen ist, lassen sich nur durch Beobachtung gewinnen. Die Fragestellung ist
jetzt sehr einfach: wie weit entspricht die Anlage der plautinischen Lieder der
der euripideischen und des Grenfellschen Liedes? Es handelt sich dabei hauptsächlich darum, ob die Abschnitte des Inhalts mit denen des Metrums zusammen-
fallen, ob eine Architectur des Liedes trotz des astrophischen Baues, wie weit
in der Wahl der metra für die verschiednen Abschnitte eine Absicht, eine Beziehung der Theile auf einander und aufs Ganze kenntlich ist. Ich kann bei der
Neuheit der Sache [3]) mich der Aufgabe nicht entziehen, alle einzelnen Lieder vor

irh durch die Analyse von Wilamowitz für positiv widerlegt und kann mir darum ersparen meine
Zweifel wider die einzelnen Verse, die Crusius ansetzt, zu begründen. Die δύο στιγμαί interpun-
giren den Sinn, die παράγραφος den Inhalt. beide sind je einmal falsch gesetzt. Die Ergänzungen
der wahrscheinlich vorletzten und letzten Periode des Liedes, die Grenfell und Hunt New classical
fragments (1897) p. 211 aus einem neuen Reste des Papyrus mittheilen, geben leider für die Form
dieser Verse keine Sicherheit.

1) Unrichtig getextt zwischen v. 10 und 11 (19 Wil.), wie Grenfell und Hunt New cl. fr.
p. 209 bezeugen.

2) Grenfell und Hunt p. 211.

3) Die einzige Vorarbeit, die darauf Anspruch macht es zu sein, ist der zweite Theil der
Klotzschen 'Grundzüge altrömischer Metrik'. Aber mit dem verworrenen und willkürlichen Gerede
dieser 'Rhythmik' ist garnichts anzufangen, so wenig wie mit den zu Grunde liegenden metrischen
Vorstellungen.

11*

den Augen des Lesers zu prüfen; die einen werden mit wenigen Worten erledigt
sein, bei anderen wird es nöthig sein zu verweilen[1]).

   *Latinae comoediae chorum non habent, sed duobus membris tantum constant, di-
verbio et cantico* (Diom. de poem. p. 491, 29). Dieselbe Anschauung liegt in der
notatio *C* und *DV* der palatinischen Plautusausgabe vor[2]). Die notatio gehört
dem 2. Jahrhundert n. Chr. an[3]) und lässt sich als Zeugniss für die ursprüngliche Gewöhnung nicht ohne weiteres benutzen. Mit *C* sind fast durchweg auch
die trochäischen Septenarscenen bezeichnet; es wird mit Recht angenommen dass
das nur Recitation zu Flötenbegleitung bedeuten kann, und diese Annahme wird
durch die Senare Stich. 762 sq., während deren der tibicen trinkt, bestätigt[4]).
Ein andres directes Mittel zur Distinction gesprochner und gesungener Verse
besitzen wir nicht. Da aber der Gesang selbst vielfach bezeugt ist, so sind wir
berechtigt, die Verse lyrischen Masses als gesungene Verse anzusehn. Das
Zwischengebiet der stichischen Dialoge und Monologe können wir für unsere
Zwecke beiseite lassen, denn in der Composition unterscheiden sie sich, wenigstens für unser Auge, von den sicheren diverbia nicht. Mit dieser Begrenzung
rede ich von plautinischen cantica.

   Die Monodie hat Plautus mit der jüngeren Tragödie gemein; an die Stelle
des Chorliedes und des Kommos ist in natürlicher Consequenz die Gesangscene
unter mehreren Personen (Duett, Terzett, Quartett, im Finale des Persa Quintett)
getreten[5]). Die etwa 60 cantica theilen sich danach in c. 24 Monodien und c. 36
Scenen Mehrerer; doch ist dies keine ausreichende Sonderung, da die Scenen der
Regel nach mit Monodien beginnen, auch, doch sehr selten (Bacch. 640 Curc.
147 Epid. 181), mit Monodien schliessen und da einige Monodien in kurze lyrische Dialoge auslaufen. Einige werden von einzelnen Reden Lauschender nicht
anders unterbrochen als der Phryx im Orestes durch den Chor. Keines der
Stücke ist ohne isolirte oder verbundene Monodie.

   Nur der Miles ist ganz κατὰ στίχον gebaut, d. h. er gehört zu den ποιήματα κατὰ στίχον μικτά, ὡς αἱ Μενάνδρου κωμῳδίαι· πῇ μὲν γὰρ τετράμετρα ἐν τῷ
αὐτῷ ποιήματι, πῇ δὲ τρίμετρα εὑρίσκεται (Heph. π. ποιήμ. 65). Das bedeutet
nichts anderes als dass im Miles die metrische Form des Originals, oder vielmehr beider Originale (des nachmenandrischen[6]) Ἀλαζών und eines zweiten Stückes)
im Ganzen, das heisst natürlich nicht so dass sich die Versmasse der einzelnen

   1) Viele der Cantica habe ich schon ihrer einzelnen Versformen wegen im Zusammenhange
oder doch zusammenhängende Partien besprechen müssen; auf diese Erörterungen kann ich mich
in der Folge berufen.
   2) Bergk Kl. Schr. 1 192, Ritschl op. III 1; Klotz Grundz. altröm. Metr. 382.
   3) Plaut. Forsch. 14.
   4) Klotz Grundz. altr. Metr. 384.
   5) Sehr schön veranschaulicht das Verhältniss und wenn man will den Uebergang die Scene
der 'lorarii' mit Philocrates und Tyndarus Capt. 195 sq., an der Stelle der Parodos, ein wirklicher
Kommos — wenn die lorarii ein Chor wären.
   6) Plaut. Forsch. 103.

Scenen entsprechen, beibehalten ist. Da nun der Miles unter den datirbaren Stücken das älteste ist, so liegt die Versuchung nahe, ihn als das erste Stadium einer von da aus bis etwa zu Casina und Pseudolus hinan zu verfolgenden Formentwicklung der plautinischen Komödie zu betrachten. Man könnte dafür noch anführen, dass Asinaria und Mercator in der Beschränkung des Lyrischen dem Miles am nächsten kommen; im Prolog der Asinaria aber wird Plautus der *Maccus*, in dem des Mercator der *Maccus Titus* genannt; es wäre wohl begründet, wenn man diese Benennungen in Plautus' frühere Periode rücken wollte. Ferner haben die als älter datirbaren Stücke Cistellaria Stichus Epidicus (über dessen Zeit Vind. Plaut. 6) mit dem (nicht datirbaren) Persa eine Besonderheit der lyrischen Anlage, Duett (Terzett) als Eingang des Stückes, gemein, so dass man versucht sein könnte hier eine Etappe früherer Entwicklung zu sehen. Aber vieles spricht gegen eine solche Construction, vor allem dass die Einführung der Gesangkomödie nicht dem Plautus sondern schon dem Naevius gehört. Eine Entwicklungsreihe durchführen zu wollen ist sicher aussichtslos. Dagegen hat es grosse Wahrscheinlichkeit, die Ungleichheit in Zahl und Art der lyrischen Partien, da es sich um lebendige Bühnenverhältnisse handelt, aus den zufälligen Personalverhältnissen der dem Dichter für jedes Stück zu Gebote stehenden Truppe zu erklären, wie es H. Schenkl in der S. 78 A. 3 angeführten Abhandlung gethan hat.

Wenn sich aber auch eine Entwicklungsreihe nicht construiren lässt, ist es doch bemerkenswerth, dass der Miles als stichisches Gedicht die Form der *νέα κωμωδία* wiedergibt, nur dass in dieser der Trimeter überwog und der einzige Langvers der troch. Tetrameter war; die terenzischen Komödien stehen durch die häufige Unterbrechung der stichischen Form dem Original ferner. Freilich dürfen die angeführten Worte Hephaestions (vgl. Mar. Vict. 57) nicht dazu verführen, der *νέα* (Hephaestion setzt Menander statt ihrer) lyrische Masse überhaupt abzusprechen[1]; aber sie waren selten[2]. Asinaria und Mercator brauchen sich durch ihre vereinzelten lyrischen Partien vom Original nicht zu unterscheiden, wie auch Andria und Adelphi nicht durch die ihren; viel weiter aber ab diesen Kreis zu ziehen verstatten die Fragmente der neuen Komödie nicht, und das Verfahren des römischen Dichters illustrirt Caecilius' Plocion. Dass kein Stück der neuen Komödie aussah wie etwa Menaechmi Mostellaria Pseudolus Rudens Truculentus Bacchides Casina, dafür bedarf es keines Beweises. Weitere Anhaltspunkte für die Schätzung der dem Plautus eigenen Compositionsart wird die folgende Untersuchung ergeben.

Die Asinaria hat nur ein einziges Lied, und zwar eine Monodie des Liebhabers, 127—138; kretische Tetrameter mit einem eingesprengten choriambischen Verse (oben S. 46), der die I. Periode (Klagen und Drohungen) abschliesst,

---

1) Rhein. Mus. 40, 163.
2) περὶ κωμ. V, 10 D. ἡ μὲν νέα κατὰ τὸ πλεῖστον στρέφεται περὶ τὸ ἰαμβικόν, σπανίως δὲ μέτρον ἕτερον, ἐν δὲ τῇ παλαιᾷ πολυμετρία τὸ σπουδαζόμενον.

während die II. (Anklagen) in einen troch. Septenar ansläuft, das Mass der dann folgenden Rede, für welche das Liedchen auch materiell nur als Einleitung gedient hat; ganz ähnlich die einleitenden Liedverse Trin. 1115—1119 True. 209. 448 Pers. 251. Auch der Mercator hat ausser der Scene 111—140, die einzelne troch. Septenare unter die jamb. Octonare und gegen Ende, wo das Duett beginnt (134), eine Gruppe von Kurzversen einmischt, nur die Monodie des Liebhabers 335—363; sie ist im wesentlichen baccheisch, wird eingeleitet (I —340, allgemeine Klagen) durch 2 Tetrameter und 4 anap. Dimeter (oder Trochäen); II —356, die Situation und ihre Unschlüssigkeit, 13 Tetrameter die von 2 troch. Octonaren eingefasst werden; III Verzweiflung, 4 Tetrameter und 3 troch. Octonare, deren ersten die Tetrameter in ihre Mitte nehmen. Doch ist die Grenze von II und III unsicher, da v. 356 schwerlich an seiner Stelle steht und 357. 8 wohl noch zu II gehören.

Ein Gegenbild gibt der Curculio, der gleichfalls nur eine Gesangscene hat, aber eine solche die dem Stücke gleich nach dem Anfang einen stark lyrischen Charakter aufprägt, die grosse Scene 96—157. Sie wird durch die Monodie der Laeena eingeleitet, durch die des Phaedromus geschlossen; die von beiden Liedern eingefasste Partie 110—146 bewegt sich meist in Duetten zwischen Phaedromus und Leaena (112—122; 134—139) oder Phaedromus und Palinurus (128—133; 140—146); Zwischenverse dieser beiden 110—112. In den Schluss von 112 greift Leaena ein, in v. 131 wirft sie ein paar Interjectionen hinein; zum eigentlichen Terzett kommt es in III, sonst bleibt es bei der wechselnden Gruppirung einer der beiden Nebenpersonen zur Hauptperson. Die erste Monodie und das erste grössere Duett sind metrisch von ungemeiner Mannigfaltigkeit, die folgenden Partien nebst dem Schlussliede einfacher. Die höchste Steigerung ist in III, der Trinkscene, durch das Terzett gegeben; dann schwillt es ab: Duette, Monodie. Die Anordnung ist in paralleler Folge: Monodie Duette Terzett Duette Monodie. 1 Leaena, a) —104, sie begrüsst den Wein; in bunter Folge 2 Diphilei (daktylisch), 2 Anapäste 1 iambus, das Kolon — ᴗ — ᴗ — (die Kretiker vordeutend), jamb. Dimeter (vgl. oben S. 14), dann 2 kret. Tetrameter, daktylisches Kolon mit jambischem, das zu dem schliessenden (ithyphallisch ausgehenden) synkopirten jamb. Septenar überführt; b) sie sucht den Wein, 5 kret. Tetrameter. Das Lied kommt mit seiner Polymetrie der Parodie in den Fröschen gleich; in Wahl und Ordnung der metra hat es Aehnlichkeit mit dem Liede des Menaechmus 110 sq. Es folgen als Einleitung von II drei jamb. Septenare des Phaedromus und Palinurus, entsprechend den dreien der Leaena (in III) 125—127. Das Duett zwischen Leaena und Phaedromus (Begrüssung) hat in zweimaliger Abfolge 1 troch. Dimeter, kret. Vers (1 creticus mit — ᴗ — ᴗ —, s. S. 13), bacch. Tetrameter, kret. Dimeter, wieder troch. (akat.) Dimeter, 2 bacch. Tetrameter, 2 cola — ᴗ — ᴗ —, endlich 2 kret. Tetrameter mit ithyphallicus als Abschluss. Diesen Theil heben die Trochäen und Baccheen gegen den ersten ab, den ersten gegen diesen die Daktylen, die Kretiker verbinden beide. III (das Trinken) beginnt mit der Ueberreichung des Kruges, 2 daktylischen cola wie 103; sicherlich soll damit an Leaenas Eintrittslied angeknüpft werden; dann Palinurus und Phaedromus in Anapästen, die auch bisher nur im Anfang, v. 98, vorgekommen sind und nun für die Duette von Herr und Diener das herrschende Mass werden; dann Leaena in Jamben wie gleich nach ihrem Liede 110 die beiden Männer; endlich Berathung des Phaedromus mit Palinurus in 6 anap. Langversen. IV letzte Partie der Leaena, Duett mit Phaedromus 134—139, wieder Kretiker, verbunden mit glyconeischen Versen (oben S. 56), also ein Lied von ähnlicher Art wie I und II; es wird durch einen anap. Septenar beschlossen, der es an III und V anknüpft. Denn V (Phaedromus und Palinurus), 130—146, ist wieder ganz anapästisch (oben S. 28). Endlich VI das παρακλαυσίθυρον des Phaedromus, in kretischen Tetrametern [1]) mit einem aus daktylisch-glyconeischen Versen (oben S. 54) bestehenden Abschlusse, durchaus also an I. II. IV anknüpfend, so dass nach dem allgemeinen metrischen Character der Theile die Anordnung des Ganzen ist *a a b a b a*.

Nur zwei Gesangscenen hat trotz seines grossen Umfanges der P o e n u l u s, 210—260 und 1174—1200, und zwar stimmt beider Anlage in auffallender Weise überein. Die zweite ist oben S. 28 und 36 analysirt. Beide beginnt Adelphasium mit einer längeren Partie, der eine kürzere der Schwester folgt; das Quartett wird vollständig durch die beiden Männer im Hintergrunde, 210 sq. Agorastocles mit Milphio, 1174 sq. mit Hanno. 1174 sq. sind die Abschnitte I und II anapästisch, II mit schliessenden Reiziana, III vorwiegend jambisch mit ähnlichem Schlusse; I gehört den Mädchen, II den Lauschern, III beginnen die Mädchen und schliessen die Lauscher. Auch in der Scene 210 sq. sind das erste Lied (I) und die folgenden Verse der Schwester von einem Metrum, bacch. Tetrametern [2]). Adelphasium erwidert (233) mit 1 Tetrameter, 1 Reizianus, 1 jamb. Septenar, die Schwester wieder mit 4 bacch. Tetrametern, die in freiere baccheische Verse auslaufen; dann wird II (233—249) durch kurze Zwischenreden der Lauscher (2 bacch. Tetr.) abgeschlossen. III, das Nachspiel, wird gleichfalls durch Milphio abgeschlossen, da sein Herr in Schweigen verloren ist; ein Vers ist unsicher (251), die übrigen sind Baccheen mit einem jambischen und 2 Reizischen cola. Die Unterschiede der Composition sind nur unwesentlich: ein Mass herrscht in beiden Liedern vor, die hinzutretenden Elemente sind im ersten untermischt, im zweiten beherrschen sie den Schlusstheil; aber in beiden hebt sich III metrisch gegen I. II ab. Die Männer schliessen in der ersten Scene nur II und III ab, in der zweiten gehört ihnen II und haben sie, gleichfalls schliessend, in III breiteren Raum. Aber es ist deutlich wie durch die beiden cantica das Ende an den Anfang erinnern will.

Diese beiden Scenen lehren uns aber noch ein Besonderes, das uns in der Beurtheilung der plautinischen Komödie und ihrer Kunstform um einen Schritt

---

1) Das παρακλαυσίθυρον der Ecclesiazusen (952) beginnt nur scheinbar kretisch, in der That trochäisch.

2) 232 ist dem Zusammenhange fremd.

fördert. Gleichviel wie ihre Form im Original gewesen sein mag, sie gehören nicht beide derselben attischen Komödie an, sondern die zweite dem Καρχηδόνιος, die erste dem mit ihm zusammengearbeiteten Stücke[1]. Da es nun ganz deutlich ist, dass die Scenen als parallele Scenen auf einander berechnet sind, dass sie als die eigentlich musikalischen Partien des Stückes eine bestimmte Wirkung thun sollen, so haben wir hier einen sicheren Beweis dafür dass, um den zutreffenden Ausdruck zu gebrauchen, die musikalische Composition der Komödie von Plautus selbst herrührt. Nun wissen wir, dass diese Gesangscenen in der Technik der dramatischen Lyrik des Zeitalters ruhen; und so folgt, wie ich meine, mit grosser innerer Wahrscheinlichkeit, dass Plautus mit dem Neuen, das eine solche Composition als Ganzes von Menander unterscheidet, sich an eine in der griechischen Technik vorhandne Gattung anlehnt; von der nun freilich die weitere Kunde versagt.

Ich habe diese beiden Stücke mit vereinzelten Gesangscenen mehrerer Personen vorweggenommen; aber unser Interesse müssen, im Hinblick auf das vorhandene griechische Material, zunächst die Monodien erregen. Die meisten sind nicht eigentliche Einzellieder, sondern leiten, wie bemerkt, Duette und andere Gesangstücke ein oder alterniren mit anderen Einzelliedern; isolirte Monodien haben ausser Asinaria und Mercator nur noch Menaechmi Trinummus Captivi Amphitruo Cistellaria Mostellaria, dazu wird man Bacchides (640) Aulularia (713) Epidicus (181) rechnen und überhaupt nicht allzuscharf distinguiren wollen; einige kleine Monodien, wie die im Persa und Truculentus, verschwinden vor den grösseren Gesangscenen. Eine besondere Stellung aber nehmen die beiden zuerst aufgeführten, Menaechmi und Trinummus, dadurch ein dass sie, und zwar nicht in vereinzelten Nummern wie Mercator und Asinaria, ausschliesslich Monodien haben.

In den Menaechmi singt der epidamnische Menaechmus zweimal[2]), Erotium, der Alte und Messenio je einmal. Die Composition aller 5 Monodien ist, in verschiedner Weise und so dass man bei der ersten und letzten an der Vortragsweise des dritten Abschnitts zweifeln könnte, dreitheilig.

Das Lied des Menaechmus 110—122 hat zuerst (I) eine metrisch sehr bunte jonisch (äolisch)-kretische Periode, dann (II) eine einfache, durch einen troch. Octonar (119) eingeleitete, jambische; 2 troch. Septenare, die dann folgen, gehören inhaltlich noch zu 119. Auf die Zwischenrede des Peniculus folgen noch (III) liedartige Langverse 127—134, die aber vielleicht nicht zum Gesange sondern zur Recitation bestimmt sind. Die Abschnitte des Inhalts und des Metrums fallen zusammen.

Ueber die Composition des Liedes 351—368 (I Anordnung und Betrachtung; II Vorbereitung der Anrede; III Anrede; Metrum I III wesentlich, II ganz anapästisch, die Beimischung von III auf die von I zurückweisend) ist oben S. 28 gehandelt.

---

1) Plaut. Forsch. 154 ff.
2) Der andere spricht ausser der Schlussscene nur in Senaren: H. Schenkl Serta Harttel. 106.

Das zweite, grössere, Lied des Menaechmus, 571—601, besteht gleichfalls aus 3 Perioden: I Betrachtung, baccheisch-kretisch; II Erzählung des besonderen Falles, anapästisch-trochäisch; III Folgerung, jambisch. I und vielleicht II enthalten grosse Systeme (oben S. 73. 30), der Abgesang besteht aus Dimetern.

Auch das Lied des senex 753—774 hat deutliche Dreitheilung: I über das Alter, besondere und allgemeine Klage; II Besorgniss über den Ruf der Tochter; III Vermuthung und Betrachtung über den Anlass. I und III sind rein baccheisch (7 und 10 Tetrameter), nur beschlossen wird I durch ein doppeltes Reizianum (oben S. 60), III d. h. das Ganze durch ein jambisches Kolon; aus denselben Elementen nur bunter zusammengesetzt ist II (761—764): 1 bacch. Tetrameter, 3 mal Dimeter mit Reizianum, schliessend ein Dimeter, der aber auch als Reizianum gelesen werden kann. Die Absicht der Composition ist ganz deutlich.

Endlich Messenio 966—985. Das Lied beginnt (I) mit der Betrachtung über den guten Sclaven, Baccheen mit jambischen cola und einem troch. Septenar (973); es folgt (II) die Anwendung auf den eignen Fall 977—981, die beiden S. 45 analysirten jonischen Verse, 2 jamb. Septenaro und als Schluss ein Reizianum. Vielleicht schliesst dieses die gesungene Partie ab; die folgenden Verse (III), 1 troch. und 2 anap. Langverse, 2 troch. Dimeter setzen die in II ausgesprochenen guten Vorsätze fort.

Der Trinummus hat ausser zwei anapästischen Monodien, der grossen des Charmides, 820—842 (oben S. 24), und der kleinen des Lysiteles 1115—1119 (wenige Dimeter, die die Rede in troch. Septenaren einleiten, oben S. 86), die beiden aufeinander folgenden Lieder des Lysiteles (223—275) und Philto (280—300), die durch ein kurzes Wechsellied in 4 anapästischen Dimetern verbunden werden.

Die Monodie des Lysiteles zerfällt unverkennbar in 3 Abschnitte: I Stellung der Frage: Liebe oder Solidität? II (237—254) tractatio: Amor und sein Opfer; III die Folgerung. I hat eine baccheische (die Streitfrage; 9 Tetrameter, 1 Dimeter) und eine jambisch-anapästische Periode (Methode der Behandlung; 2 jamb. Septenare, 1 anap. 1 jamb. Dimeter, das Schlusskolon Adonius oder Reizianum, s. oben S. 56); II zerfällt gleichfalls in 2 Perioden: Amoris artes —241 (anap. Dimeter, 2 paroemiaci, troch. Dimeter, jambischer Dimeter mit Adonius, anap. Dimeter mit paroemiacus); das Schicksal des Liebhabers, eingeleitet durch 2 anap. Dimeter, beschlossen durch troch. Octonar und Dimeter, jamb. Dimeter (doch s. S. 56 A. 9) und versus Reizianus, dazwischen das grosse Mittelstück in katalektischen Kretikern, die einen Vers noch unbestimmten Metrums und einen wie 236 (und 240) einschliessen (245. 247). III ist ganz anapästisch; nur läst die erste Periode (255—259) auf 4 Dimeter einen jambisch beginnenden Vers folgen, der entweder als Septenar oder Reizianus herzustellen ist. Die 2. Periode enthält das oben (S. 26) besprochene anapästische System. Jeder der 3 Abschnitte besteht also aus 2 Theilen; das Characteristische der metrischen Anlage ist dass die Anapäste in steigendem Masse eintreten: in I füllen sie die zweite Periode, in II die erste überwiegend und beginnen die zweite. in III herrschen sie; andrerseits erhält I durch eine baccheische, II durch eine kretische Versgruppe seinen besonderen Character. II hebt sich durch seine Polymetrie nicht nur von III sondern auch von I als Mittelstück hervor.

Die Monodie des Philto zerfällt ebenso deutlich in 2 Abschnitte: I Warnung vor den Schlechten, II Klage um die Schlechtigkeit des Zeitalters; I ist metrisch mannigfaltig, II rein anapästisch, das S. 26 besprochene System. Die Angleichung an das Lied des Lysiteles, die hierin schon merklich hervortritt, wird noch augenfälliger wenn man die metra im einzelnen vergleicht. Philto beginnt (280) mit dem Verse, der dem II. Abschnitt des vorigen Liedes seinen Charakter gibt, einem katal. kret. Tetrameter; auch 282 und 284 sind kret. Tetrameter; 281 ist gleich 240 und 247; 285 ein Reizianus wie 254. Ausserdem enthält die Periode noch 3 jambische Octonare (283. 6. 7), entsprechend den jambischen Elementen des vorigen Liedes. Im ganzen sind mit durchaus kenntlicher Absicht in I und II des Philto die metrischen Formen von II und III des Lysiteles aufgenommen und variirt, so dass die beiden Monodien, durch das kleine im Metrum an Lysiteles anschliessende Wechsellied verbunden, zu einer Zweiheit mit deutlicher Gegenwirkung der beiden Theile aufeinander zusammengeschlossen sind. Auch im Ausdruck ist dieses Verhältniss an einer bezeichnenden Stelle markirt: der II. Abschnitt des Philto beginnt *haec ego dolco*, der III. des Lysiteles *haec ego quom ago*; es sind die beiden anapästischen Abschnitte [1]).

Gleichfalls mit offenbarer Absicht auf einander berechnet sind in den Captivi die über das Stück verstreuten 3 kurzen Lieder des Hegio, 498—515; 781—789; 922—927. Das erste zeigt den alten Herrn in fröhlicher Selbsttäuschung, das zweite in Kummer und Aerger, das dritte ist ein Dankgebet an Juppiter nach der Erfüllung seiner kühnsten Wünsche; jedes bezeichnet eine Hauptphase der Handlung, zusammen geben sie die Scala der Stimmungen, durch die der passive Hauptträger der Handlung geführt wird. Alle 3 sind vorwiegend baccheisch: das dritte besteht ganz, das zweite fast ganz aus baccheischen Tetrametern (in den Schluss greift Ergasilus mit einem Verse ein), nur das erste ist, seinem heiteren Character entsprechend, mit anapästischen, trochäischen, jambischen Versen vermischt.

Zu diesen 3 Liedern des einen Hegio kommt das des Tyndarus, auf das erste folgend [2]) aber selbständig anhebend, 516—532; I —526 der gehäufte Ausdruck der verzweifelten Angst, jamb. Octonare, zuletzt 2 troch. Verse; II specieller über die Situation und Möglichkeit des Entrinnens, bunter wechselnde troch. und jamb. Verse. Die einzige Gesangscene unter Mehreren ist die Einleitung der Handlung, gleich nach der Exposition, durch die lorarii, d. h.

1) Vgl. Truc. 566.

2) Aehnlich geht dem zweiten Liede Hegios der Monolog des Ergasilus 768—780 in wechselnden troch. und jamb. Langversen voraus.

deren Führer (v. 216), und die beiden Gefangnen. Der lorarius beginnt (I) mit den S. 35 besprochenen jambischen Versen 195—200 und führt auf den Schmerzenslaut der Gefangenen mit 1 troch. Septenar und 1 Senar wie 200 fort; der Inhalt ist specieller und allgemeiner Trost, beide Senare enthalten γνῶμαι. II Terzett: a) Uebergang von den Jamben zu cretici (jamb. Octonar, kretische cola, s. oben S. 21), Tetrameter, wieder jamb. Dimeter, wieder kret. Tetrameter, dann nach kret. Dimeter ein ithyphallicus; b) 2 troch. Octonare; c) —215 kretisch, mit einer Unterbrechung durch 2 ithyphallici oder 1 troch. Trimeter (vgl. S. 18 A. 2), als Schluss das Kolon —∪—∪ (S. 18). III Duett, im Anfang noch ein Commandowort des lorarius; es zerfällt in 3 Theile, im ersten und dritten hat Philocrates, im zweiten Tyndarus vornehmlich das Wort. a) wird durch 1 anap. Dimeter mit 2 Reiziana eingeleitet, dann zuerst eine Gruppe von 7 kretischen, zuletzt von 5 bacch. Tetrametern, zwischen beiden 2 jamb. Octonare; b) ist zuerst anapästisch-jambisch (1 anap. 1 jamb. 1 anap. 3 jamb. cola), dann kretisch (5 oder 4 Tetrameter); c) 240 sq. ist ganz trochäisch: 2 Octonare beginnen, dann folgen Septenare, die auch durch die folgende Scene dauern. Es lässt sich also auch hier nicht mit Sicherheit sagen, an welcher Stelle der Gesang in Rede übergeht; das Ethos ist 240 sq. vom vorigen nicht verschieden und v. 239 gibt weder metrisch noch im Dialog einen Abschluss.

Der Amphitruo beginnt gleich nach Mercurs Einleitungsrede mit der grossen Monodie des Sosia 153—262, an der Mercur im Hintergrunde einen gewissen Theil nimmt. Sie wird eingeleitet durch 6 jambische Octonare: Sosia fürchtet von der Polizei aufgegriffen zu werden. Dann folgt die S. 38 besprochene jonisch-baccheische Partie 159—179; sie zerfällt inhaltlich in 3 Abschnitte, deren jeder ionici und Baccheen enthält, der mittlere aber durch die stichischen Sotadeen ausgezeichnet ist: I das Schicksal das Sosia bevorsteht und Schuld des Herrn daran; II allgemeine Betrachtung über das Los von Sklaven reicher Herren (166—175); III ein Abgesang des im Hintergrunde lauernden Mercur. Es folgen 5 jamb. Octonare, die mit der Selbstanklage Sosias, dass er den Göttern noch nicht gedankt habe, den Uebergang zur Erzählung seiner Erlebnisse bilden; auch hier folgt, vor dem Beginn des Berichtes, eine Zwischenrede Mercurs (185). Dann die Botenrede in 32 Octonaren bis zu dem Punct wo die Schlachtbeschreibung einsetzt. Diese, 219—247, ist in Kretikern gedichtet: I die Aufstellung zur Schlacht, drei Tetrameter, durch einen trochäischen Septenar (222) abgeschlossen; II die Schlacht, Tetrameter, beginnend mit kret. Dimeter + —∪—∪—, dieser Vers noch einmal 233, schliessend (237) das Kolon —∪—∪; III die Entscheidung. 4 Tetrameter, dann Dimeter mit + —∪—∪, 2 Tetrameter. Dim. + —∪—∪, Tetrameter und als Abschluss —∪—∪. Auch auf diese Partie folgt eine Zwischenrede Mercurs, aber in jambischen Octonaren (248. 9), die den letzten Theil der Erzählung Sosias einleiten; die Octonare dieses letzten Theils unterscheiden sich von den früheren durch den Versbau, s. Note zu 248—262.

Der Bau der Scene ist vollkommen durchsichtig. Die Octonare, wahr-

scheinlich gesprochen, umgeben zwei Gesangpartien, deren erste eine allgemeine
Betrachtung enthält, die einzige der Scene; die zweite enthält die Schlachtbeschreibung, den Gipfel der Erzählung. Es sind die beiden durch ihren Inhalt
zu lyrischer Bewegung drängenden Abschnitte, der eine elegisch der andere von
epischem Pathos. Beide Lieder werden von Mercur mit einigen Versen aufgenommen, das einemal in einem sicher gesungenen Abgesang, während er sonst
das Stück hindurch keine unzweideutigen Liedverse, doch 984 sq. wieder einen
Monolog in jambischen Octonaren mit 3 mitten im Satze anschliessenden Senaren
hat, den man vielleicht auch als Monodie bezeichnen muss (S. 71 A. 2). Ausserdem
gehört ihm ein Vers nach der Einleitung des eigentlichen Botenberichts. Die Absicht dieser Zwischenreden an diesen Stellen ist klar: sie geben dem Träger der
Scene die nöthigen Pausen zur Erholung. Natürlich thun sie das in dramatisch
motivirter Weise; oder richtiger mit der conventionellen Motivirung, die zur
dramatischen Sitte geworden ist: in der Tragödie ist der Chor dazu da (wie
beim Liede des Phryx), in der Komödie eine im Hintergrunde lauschende Person[1]).

Plautus hat den Botenbericht[2]) in der Form des Liedes gegeben oder sich
zum Liede steigern lassen: das ist merkwürdig genug. Wie viel davon er im
griechischen Original vorgefunden hat können wir nicht sagen. Aber es ist
deutlich, dass wir uns auch hier am Endpunkte einer bei Euripides beginnenden
Entwicklung befinden. Auch der Phryger im Orest berichtet nur, wie sonst
der tragische Bote, das im Hause Geschehene; freilich in der ganzen Aufregung
des dem Schrecklichen entronnenen Schwächlings. Aber bei anderen Umständen
und mit anderem Ethos brauchte ja der Dichter nur durch die Erinnerung oder
den Gegenstand selbst die Stimmung des Erzählenden lyrisch zu erregen. Wie
zur Vergleichung, und gewiss nicht ohne Absicht, ist das letzte Lied des Amphitruo ein dem Phrygerliede auch in der Situation und Stimmung sich nähern-
der Bericht des entscheidenden Ereignisses[3]). Bromia stürzt aus dem Hause
1053 und beschreibt zuerst ihre Angst in 8 jambischen Octonaren (I); es ist
deutlich, wie das Gegenstück zu Sosias Rede hervortreten soll. Dann (II) erzählt
sie: 1 jamb., 1 anap., 1 jamb. Octonar, 2 troch. Septenare, dann 4 jamb. Octonare, auf deren ersten das jambische Gebilde folgt von dem oben S. 37 die
Rede gewesen ist. Endlich (III) bemerkt sie den am Boden liegenden Amphitruo: troch. Septenar, jamb. Dimeter und weiter Octonare, in denen sich dann
das Gespräch mit Amphitruo bis 1085 fortsetzt, wo ohne Satzschluss trochäische
Septenare einsetzen.

Die Monodie der Alcmene Amph. 633—653 hat am Anfang und am Schluss
allgemeine Betrachtungen, dort (I) über die Verbindung von Unglück mit jedem

1) Plaut. Forsch. 217 A. Kaibel Elektra 124. Diomedes 491, 25 *in canticis una tantum
debet esse persona aut, si duae fuerint, ita esse debent ut ex occulto una audiat nec conloquatur,
sed secum, si opus fuerit, verba faciat.*
2) v. 201 *sed quo modo et verbis quibus me deceat fabularier, prius ipse mecum etiam volo
hic meditari. sic hoc prologuar. 261 haec sie dicam vera.*
3) Plaut. Forsch. 120.

Glück, hier (IV) über die *virtus* als höchstes Gut; dazwischen (II) die Anwendung der ersten Betrachtung auf Alcmenes eigne Person, 637—641, und (III) die persönliche Erwägung die zu der Schlussbetrachtung hinüberführt, bis 647ᵃ. Das Metrum geht durch, Baccheen mit katalektischen Dipodien (oben S. 15), jambischen cola und Reiziana, von denen eines das Gedicht schliesst.

Ueber das eine Duett des Amphitruo, zwischen Sosia und seinem Herrn, 551—585, ist S. 30 das Nöthige gesagt; es hat eine baccheische und trochäische Hälfte, jene in regelmässigen Tetrametern verlaufend, in eine anapästische Clausel auslaufend, diese ein grosses dreigetheiltes System.

Von den beiden Monodien der Cistellaria leitet die erste, die des Liebhabers, die eigentliche Handlung ein; es ist das anapästische System 203—228 (oben S. 26). Mit v. 228, dem letzten vor der grossen Lücke, kann das Lied zu Ende sein; die Möglichkeit ist aber nicht ausgeschlossen dass die lyrische Partie sich, vielleicht in den Dialog hinein, fortsetzte. Das Lied der Halisca 671—703 schliesst mit einem anapästischen System (oben S. 24). Es wird eingeleitet (671. 2) und beschlossen (702. 3) durch anapästische Septenare, jene nach der Entdeckung des Verlustes, diese nach dem fruchtlosen Suchen die Verzweiflung ausdrückend (I und VIII). Nach 672 in 5 baccheischen Tetrametern die Erzählung (II); Bitte an die Zuschauer (III) 2 anap. Octonare; das erste Suchen (IV) bacch. Tetrameter —687; von neuem (V) ihre Angst (3 anap. Dimeter), der Gedanke an den Finder (cretici) —691; die Absicht weiter zu suchen (VI) 3 katal. bacch. Tetrameter —694. Hier setzen Zwischenreden der Lauscher in 2 jamb. Septenaren ein. Dann erneutes Suchen (VII, anap. System) und der Schluss.

Das Stück beginnt mit einem in die Situation einführenden, noch nicht die Handlung exponirenden Terzett. Die 3 Personen (Selenium, Gymnasium, die *lena*) werden mit kleinen Einzelpartien (I) eingeführt, auf deren zweite Selenium mit ein paar Versen erwidert, in die dritte wirft sie eine Frage ein. Der Inhalt sind Höflichkeiten; mit 19 wird ein neuer Ton angeschlagen und die Kupplerin durch ein kurzes Gespräch auf ein allgemeines Thema (Verhältniss der Hetären und Matronen) gebracht, das sie in längerer Monodie ausführt (II). Die kleine Monodie der Selenium zu Anfang besteht aus 3 bacch. und 3 troch. Tetrametern, zwischen beiden Gruppen ein bacch. Dimeter mit Reizianum; die der Gymnasium ist zu Anfang metrisch unsicher, vielleicht beginnen 2 Baccheen und folgen 1 anapästisches, dann 1 jamb. und anap. Kolon, zuletzt ein bacch. Tetrameter, an den Selenium sich mit 2 gleichen anschliesst. Die Kupplerin hat 4 trochäische Verse, die beiden ersten mit kretischen cola vermischt. II hat baccheische Versgruppen am Anfang, in der Mitte und am Ende: die erste (3 Tetrameter) wird durch 1 troch. Septenar unterbrochen, die dritte (4 Tetrameter, doch der zweite überliefert als Dimeter mit Reizianum, vgl. v. 4) durch einen solchen eingeleitet, die erste und zweite (2 Tetrameter) durch einen einen troch. Dimeter abgeschlossen; zwischen der ersten und zweiten stehen 3 anap. Langverse und 1 jamb. Septenar. Nur die grössere anapästische Gruppe hebt II

merklich gegen I hervor. Mit v. 38 geht die Kupplerin auf ihre persönlichen
Verhältnisse über, in jambischen Septenaren, in denen dann das Gespräch fortgesetzt wird.

Wie die Rolle des Lysiteles im Trinummus, so beginnt die des Philolaches
in der Mostellaria mit einer grossen zur Charakterisirung des Jünglings
bestimmten Monodie, 84—156. Ihr Inhalt ist die Vergleichung der Erziehung
mit dem Hausbau, des Menschen mit dem Hause. I besteht ganz aus baccheischen
Tetrametern mit 2 jambischen cola (katal. Dim.), die Perioden auch des Inhalts
abschliessen: a) Ueberlegung, 6 Tetr. + Kolon, b) Thema. 4 Tetr. + Kolon, c)
Aufforderung zum Hören, 2 Tetr. II das Bild (101—117). In diesem Abschnitte
herrschen cretici: 6 Tetrameter, 4 Dimeter mit Kolon. Ein bacch. Tetrameter mit jamb. Kolon leitet das Ganze ein, als metrischer Nachklang von I;
zwei jambische Octonare (103. 104) leiten zu den Kretikern über, ein dritter
(107) folgt auf den zweiten kret. Tetrameter; zwei troch. Septenare schliessen
den letzten kretischen Vers (116) ein. Die Theilung des Inhalts ist dreifach,
in der Weise dass die erste baccheisch-jambische Periode als erster Theil
erscheint: a) das schöne fertige Haus —104; b) Vernachlässigung durch den
Besitzer —113, alles cretici ausser 107; c) das Haus verkommt, 2 kretische
2 trochäische Verse verschränkt. III die Vergleichung (—132). Die beiden
ersten und die beiden letzten Verse sind jambische Octonare; zwischen ihnen
steht, als die Masse des Abschnittes, eine Gruppe von 7 baccheischen Tetrametern, wieder durch das jambische Kolon geschlossen, das wieder zu einem
jamb. Octonar überleitet, dem ein troch. Octonar und jamb. Dimeter (oder 6
Trochäen) folgen. Deutlich ist in den metrischen Elementen die Analogie zu I
und II a) c), in ihrer Anordnung die Analogie zu II. Auch hier sind 3 Theile:
a) Einleitung b) Ausführung c) Abschluss; aber a) und c) bestehen aus je 2
Versen, wie II a) und c) aus je 4. — IV die Anwendung. Herrschend ist wieder
das kretische Mass, wie in II: 9 Verse von denen 3 Tetrameter, 6 Dimeter mit
Kolon sind; 2 jamb. Octonare, 1 kret. Tetrameter und 1 troch. Septenar, 3
jamb. Octonare; dann wieder 4 kretische Verse, geschlossen durch einen Dimeter,
und als Schluss des Ganzen 3 troch. Septenare. Der Inhalt entspricht wie das
Metrum genau dem II. Abschnitt bis 145; danach theilt sich a) 133—145 (v. 145
zu vergleichen mit 113), die Vernachlässigung des Hauses, von b) 146—148
(jambisch), dem rettungslosen Zustande. Als dritter Theil folgt, das Ganze
abschliessend, c) die Klage über das Verlorene und die Erkenntniss der Schuld.
Das Lied ist gleichmässig gegliedert in 4 dreigetheilte Abschnitte; die
metrische Anlage ist genau *a b a b*[1]).

Ausser dieser grossen Monodie hat die Mostellaria noch drei Gesangscenen,
die eine gleich vor dem Beginn der Handlung (313—347), die zweite mitten in
der Haupthandlung (690—746 und 783—803), die letzte als Einleitung der Katastrophe (858—903). Alle drei beginnen mit Monodie und werden zum Duett,

---

1) Dies bemerkt richtig Klotz Grundz. altr. Metr. 543.

die erste steigert sich zum Terzett; in der zweiten folgt auf das erste Duett zwischen Tranio und Simo[1]) nach einem Gespräch in Senaren ein zweites zwischen Tranio und seinem Herrn.

313—347 zerfällt in I Monodie —319, Bacchoon mit cola; II Duett, in 2 Gruppen: a) metrisch bunt, cretici, zum Theil katalektisch, mit anapästischen, trochäischen. Reizischen cola (nach dem ersten kretischen ein baccheisches?), geschlossen durch den Reizianus v. 330; b) anapästisch, mit 1 jamb. Dimeter (334). III Terzett in den aus 2 cretici mit —u—u— componirten Versen, geschlossen durch das 4 mal wiederholte Kolon. Dann als Abschluss des Ganzen 2 Reizianische Verse, deren erster, an die cola anschliessend, trochäisch beginnt; hier setzt Delphium wieder ein, die das Duett mit Callidamates gesungen aber am Terzett nicht theilgenommen hat. Mannigfaltig gemischte metra hat nur II a, das doch im ganzen ein kretisches Lied ist. Die metrische Anlage ist, den Hauptmassen (baccb. kret. anap. kret.) nach, a b c b, aber die beiden kretischen Partien nach Metrum wie nach Inhalt und Ethos sehr verschieden: die erste ein Prachtstück weinseliger Hetärenlyrik, ein κωμαστικόν das sicherlich nicht auf römischem Boden gewachsen ist, dessen Muster Plautus schwerlich bei Philemon aber gewiss bei einem Griechen gefunden hat, die zweite eine zierlich höfliche Begrüssung.

Die folgende Liedscene (690—746) ist ganz kretisch, nur dass die Monodie Simos mit Tranios Zwischenversen bis 712 in den mit —u—u— oder —uu— componirten Versen gebaut ist, dann der Uebergang zum Duett bis 717 in Tetrametern mit jenen verbunden, das Duett in Tetrametern (eine Gruppe ist zerstört) mit 2 eingestreuten und 1 schliessenden troch. Septenar, auf den zuletzt 4 jamb. Octonare und 1 Septenar folgen. Dagegen ist das Duett 783—803 ganz in Baccheen geschrieben.

Buoter ist 858—908. Zuerst (I) die Monodie des Phaniscus: a) Betrachtung über die guten und die schlechten Sclaven: Anapäste, durch einen versus Reizianus eingeleitet und einen troch. Septenar beschlossen; dann ein beschädigter Vers. b) Folgerung für seine Person (896—869): 2 beschädigte Verse, 2 anap. Dimeter. c) Verhalten der Herren —873, bacch. Tetrameter. d) Anwendung auf den eignen Fall: 2 Reiziana, 1 bacch. Tetrameter, dann unsichere Partie, doch wahrscheinlich troch. Septenar, anap. Dimeter. Reizianus; endlich cretici mit einem troch. Kolon, abschliessend ein glyconeisches mit ithyphallicus (oben S. 52). Nach 2 troch. Septenaren beginnt das Duett, gleichfalls polymetrisch: II das Wortgefecht: 4 troch. Dimeter, 1 baccheischer 1 trochäischer 1 anapästischer Vers, dann die bei Gelegenheit des Reizianum S. 61 erwähnte Gruppe 890—895, in synkopirten Tetr. (S. 19) auslaufend. III Abbrechen des Gefechts und Anklopfen: zu Anfang und Ende Anapäste, dazwischen Trochäen und Jamben (der erste jamb. Vers (888) unsicher, oben S. 14); möglich dass die beiden troch. Septenare, die den Uebergang bilden, recitirt werden sollten. Wenn sich auch nicht viele

---

1) v. 721ᵃ fällt aus dem Zusammenhang.

Formen in Monodie und Duett gradezu wiederholen, fällt doch die Verwandtschaft der metrischen Bildung in beiden Stücken ins Auge; ebenso dass für die
beiden Scenen 84 und 690, 783 einfachere, für die beiden 313 und 858 mannigfaltigere metra gewählt sind.

Von den 4 Gesangpartien der Aulularia bildet die erste den Beginn
der eigentlichen Handlung, 120—160, Duett der Eunomia und des Megadorus.
Eine Monodie (I) leitet mit feierlicher Vorbereitung das Gespräch ein; sie ist
baccheisch, 11 Tetrameter und zuletzt 4 aus Dimeter und jamb. Kolon combinirte Verse. Das Duett zerfällt in 3 Theile: II scherzhaftes Wortgeplänkel,
bis 141, ganz jambisch (5 Dimeter 1 Senar) mit einem troch. Septenar als
Schluss; IV scherzhafter Bescheid, die oben S. 61 besprochene Gruppe von
versus Reiziani 155—160, deren zwei baccheisch anheben. Zwischen diesen
beiden metrisch einfachen Partien steht III der Vorschlag Eunomias und sein
erster Eindruck auf Megadorus, ein metrisch mannigfaltiger, in 3 Versgruppen
sich sondernder Abschnitt, doch so dass der Uebergang zur dritten mitten im
Satze geschieht: 2 kretische Tetrameter, nach jedem ein ithyphallicus, dann ein
anap. Dimeter; 2 bacch. Tetrameter; Anapäste: 4 Dimeter, dann 2 Trimeter,
die aber unsicher sind (153 ist ein guter Reizianus). IV erinnert an II mit
seinen jambischen cola, III und IV mit ihren baccheischen an I; die Kretiker
von III treten dem baccheischen I entgegen.

Die Reiziani, die 155 sq. in einer Gruppe auftreten, machen, in singulärer
Weise, das ganze zweite Duett 415—446 aus; ihm geht das Klagelied des
Congrio vorauf, 406—412, bestehend aus 4 troch. und 1 anap. Octonar, 3 troch.
und 1 anap. Dimeter, der letzte als paroemiacus schliessend. Die beiden jamb.
Octonare 413, 414, die an dieser Stelle nicht bleiben können, sind der Satzform
und dem Inhalt nach Parallele zu 408, 409[1]).

Das Klagelied Euclios 713—726 ist ein grosses anapästisches System, die
paar Worte des Lyconides, die sich unmittelbar anschliessen, ein trochäisches:
über beide ist S. 25 und 30 gehandelt worden. Danach geht das Gespräch in
troch. Septenaren weiter.

Die letzte erhaltne Scene beginnt in troch. Septenaren; erst wo Herr und
Diener sich anreden (818 sq.) setzen Octonare ein, die durch 3 Dimeter 824 sq. unterbrochen werden; der erste verstümmelte Vers (831) war wieder, wie es scheint,
ein Septenar. Dass der verlorene Schluss des Stückes noch eine Gesangscene
enthalten hätte, machen die Fragmente nicht wahrscheinlich.

Der Truculentus hat 5 cantica, darunter zwei isolirte Monodien, die
das Gemeinsame haben dass sie mit einer lyrischen Partie persönlichen Inhalts
(209—212; 448—464) beginnen und recitirend fortfahren, mit Erläuterung der

---

1) Die Verse neben 408, 409 beizubehalten geht nicht an, obwohl die Absicht der Variirung
nicht einleuchtet. Dass die Verse von Plautus herrühren folgt natürlich nicht daraus dass wir
ita que = ita nur aus Plautus kennen.

Situation und allgemeinen Betrachtungen. Astaphium singt nur ein paar Verse (Reizianum, jamb. Dimeter, 2 bacch. Tetrameter); Phronesium singt I (Los der Mütter) anapästische (oder jonische: S. 45 A. 1) Verse, dann II (Aufklärung über ihren Zustand) 11 bacch. Tetrameter.

Die Gesangscenen beginnen alle drei mit Monodie (95.551.711): zwei kurze Duette und, im Mittelpunct des Stückes, eine grosse Scene (551), an der sich zwei Männer und die beiden Frauen betheiligen. Von den Monodien singt allein Astaphium drei, so dass in den Gesangpartien die Soubrettenrolle überwiegt, Phronesium und Cyamus je eine, Diniarchus singt nur die beiden Duette mit Astaphium: es ist die erste und letzte Gesangscene, äusserlich und innerlich parallel.

95—129: zuerst Monodie (—111) aus 2 metrischen Theilen. (95—101 jonisch, 102—111 anapästisch, oben S. 43), die sich aber inhaltlich nicht sondern; Aufforderung an die Hausgenossen als Anlass zur Betrachtung (I), an diese knüpft Diniarchus beiseite stehend an, mit 2 paroemiaci, dann schliesst Astaphium mit einem anap. Septenar ab (II). Bis hieher (114) singt sie vor dem Hause stehend; nun geht sie weiter und Diniarchus hält sie. Es folgt das kleine Duett in Kretikern mit jambischen, trochäischen, anapästischen cola, beschlossen durch 2 Reizianische Verse (oben S. 13 u. s.): das Vorspiel (III) bis 123, die Begrüssung (IV) bis 129; IV von III metrisch gesondert, die anapästischen und Reizianischen Verse, nur ein kretischer (127) zwischen beiden Gruppen.

711—729: Astaphium singt vor der Thür zu Phronesium hinein (I), 1 anap. Octonar, 6 bacch. Tetrameter, auf deren zweiten aber wieder ein anapästischer Vers folgt. Diniarchus greift ein, Beginn des Gesprächs (II), Frage und Andeutung (III), Erzählung (IV). Die metra sind bunt: II jamb. Octonar, 2 bacch. Tetrameter (der zweite zweifelhaft), Senar; III: 2 kret. Tetrameter, zwischen ihnen ein Senar; IV: 2 trochäische, 2 (?) jambische Langverse. Nur II erinnert an I; Jamben sind in II. III. IV enthalten.

Die grosse Scene 551—630 wird durch die Monodie des Cyamus eröffnet (I). Phronesium Astaphium Stratophanes sind bereits auf der Bühne, da er mit seiner pompa anlangt; er singt, von ihnen bemerkt (548 sq. 575) aber ohne sie zu erblicken, bis 574: a) Aufforderung an die Träger: 2 bacch. Tetrameter; b) 553—558 Thorheit des verliebten Herrn: Anapäste mit 1 bacch. Tetrameter nach dem ersten Octonar (doch sind die folgenden Verse zweifelhaft); c) Cyamus macht sich die Thorheit zu nutze: Trochäen, 2 Octonare 5 Septenare, dann 5 Anapäste mit Katalexis; d) Hetärenart: 1 anap. Dimeter, 2 bacch. Verse (Tetr., Dim. + jamb. Dim.?), troch. Octonar; e) der vorliegende Fall: 5 Anapäste mit Katalexis, 1 bacch. Tetrameter. In allen Theilen ausser c) sind Bacchen, in allen ausser a) Anapäste; diese Masse überwiegen ausser im Mittelstück; Anfang und Schluss klingen aneinander.

Cyamus führt in troch. Septenaren fort, und in diesen vollzieht sich die Begrüssung (Phronesium 577) und Uebergabe der Geschenke. Dieses Zwischenstück wird man als recitirt ansehen; aber freilich kommen die Septenare sowohl in der Monodie als immer wieder in der folgenden Gesangscene vor, wie sie dann auch wieder 629. 630 das Ganze abschliessen.

Es beginnt ein kleines Terzett (II), Uebernahme der Geschenke mit Wortgefecht, 581—587: Phronesium hat einen jamb. Dimeter (581) und anap. Octonar (583), Cyamus (582. 5) und Astaphium (584) kretische Tetrameter, dann beide im Wechselgespräch 2 troch. Septenare. Die metra sind durchaus verschieden von der Monodie, nur der anapästische Vers erinnert an sie. Dann kommt (III) Duett zwischen Phronesium und Cyamus: a) ihr Dank an Diniarchus 588—592, b) Verspottung des Stratophanes —602. Das Ganze ist kretisch, mit Trochäen verbunden: a) 4 kret. Tetrameter, in ihrer Mitte 2 troch. cola; b) troch. Septenar, Dimeter, 2 Septenare, 5 kret. Tetrameter, nach deren erstem (unsicheren) noch ein troch. Octonar. Es folgt (IV) Terzett zwischen Stratophanes, Cyamus, Phronesium: Losfahren des Stratophanes gegen Cyamus (603—606), gegen Phronesium (607—611), beide weisen den Angriff zurück, der miles scheint besiegt (—618): alles Anapäste. Endlich (V) Duett zwischen Cyamus und Stratophanes: jener provocirt wieder, dieser greift an und schlägt ihn in die Flucht: Trochäen (2 Sept. 1 Oct.), cretici (4 Tetr.), Trochäen (1 Sept., 2 Oct., 2 Sept.).

Das charakteristische Element der Monodie sind Baccheen, der Scene Kretiker; Trochäen verbinden das Ganze. Die Anapäste von I herrschen in IV; die Elemente von III und V stimmen genau überein, II hat eine etwas buntere Mischung.

Der Rudens hat drei Gesangscenen, alle drei durch Monodien eingeleitet, die erste (185—289) durch eine grosse der Palaestra und eine kleine der Ampelisca, an die sich ein Duett und dann ein Terzett schliesst; die zweite (664—681), in der Hauptsache Monodie der Palaestra, läuft in ein kurzes Terzett Trachalios mit den beiden Mädchen aus (das Ganze in Kretikern mit einer Clausel), die dritte (906—962) nach dem grossen Liede des Gripus in ein Duett zwischen ihm und Trachalio.

185—289 ist eine zusammenhängende Folge lyrischer Scenen die als solche der gleichfalls die Handlung einleitenden Gesangpartie Cas. 144 sq. am nächsten kommt; von ähnlicher Art sind Curc. 96 sq. Bacch. 612 sq. Das Lied Palaestras (I) 185—219 ist metrisch bunt. Es beginnt a) nach einem allgemeinen Satz über Menschenschicksal mit ihrer persönlichen Klage über die Ungerechtigkeit der Götter (bis 197); der 2. und 3. Vers sind lückenhaft, aber es scheinen vorzuliegen 2 Reiziani, 6 Anapäste, Reizianus, 2 paroemiaci; dann setzen Baccheen ein (4 Tetrameter), 2 Reiziani, 1 bacch. Tetrameter, jambische Clausel. b) bis 203, dem Herrn gilt die Strafe; sein Verlust, auch Ampelisca scheint ertrunken: ein anap. Septenar hebt an, dann cretici (mit cola). c) bis 216, Ausmalung ihrer traurigen Lage, schliesst mit dem Gedanken an die Eltern: 2 bacch. Tetrameter, 2 jamb. Dimeter (dann in A zwei unleserliche Verse), cretici und zwar 3 mal abwechselnd je zwei Tetrameter mit einem Dimeter + colon; abschliessend diese letztere Form mit anapästischer Clausel. d) ist ein kurzer Abgesang wie b) im Verhältniss zu a): ein troch. Octonar und ein jamb. Septenar fassen einen paroemiacus mit Reizianum ein. — Ampeliscas Klagelied (II) 220—228 besteht aus anap. Langversen: 5 Octonaren und 4 Septenaren. Dann das Duett (III): a) das erste Hören, Furcht und Hoffnung, in den 4 oben (S. 57) besprochnen äolischen Versen; das grosse Mittelstück b) 233—252, Erkennung Freude Berathung, in kretischen Tetrametern; c) sie erblicken den Tempel: künstlich wird durch einen kret. Dimeter über ein Reizianum von den Kretikern zu Jamben übergeleitet (1 Dimeter 1 Senar). Es sind nur wenige Verse, wie die einleitenden. Vor dem Beginn des Terzetts spricht dann Palaestra 3 Verse, deren letzter sicher ein troch. Septenar ist. IV beginnt wieder a) mit Baccheen (vgl. I), die in einen jamb. Septenar auslaufen: 259—265, Frage und Begrüssung. Es folgen wieder b) cretici, 14 Verse (deren letzte beide vielleicht schon Baccheen sind): Auskunft und Bitte. Der Abschluss des Ganzen (die Aufnahme) ist wieder bunter: c) 3 bacch. Tetrameter, 1 jamb. Octonar, 2 jamb. cola mit Reizianum, 2 mal bacch. Tetrameter mit einer Clausel die vielleicht mit dem Schluss von I a identisch ist. Ohne Zweifel soll diese Schlusspartie die metrische Erinnerung an I erwecken und so das Ganze durch Anfang und Ende zusammenziehn.

Wie diese Scene den Anfang des ersten Haupttheils der eigentlichen Handlung bildet, so die zweite grössere Gesangscene (906—962) den Anfang der Schlusshandlung. Ich habe sie oben S. 24 analysirt. Sowohl die Monodie (—937) als das Duett zerfällt in 3 Theile (I a b c, II a b c); sowohl I a c als II a c sind metrisch einfach (I a Baccheen mit einigen Anapästen, II a Jamben, I c wie II c Anapäste), sowohl I b als II b, die beiden Mittelstücke, mannigfaltiger, I b durch den Wechsel trochäischer und anapästischer Formen, II b durch Verwendung kretischer und glyconeischer Verse, nur an dieser Stelle des Ganzen. Die Aehnlichkeit der Anlage wird besonders herausgehoben durch die beiden anapästischen Partien I c und II c.

Wie die Cistellaria beginnen Epidicus Persa Stichus mit Gesangscenen, und zwar Epidicus und Persa mit exponirenden Sklavenduetten, Stichus mit Duett wie Cistellaria mit Terzett von Frauen.

Ueber die Eingangscene des Epidicus ist S. 9 sq. 30 ausreichend gehandelt, ich will nur die Abschnitte notiren die der Inhalt und zum Theil das Metrum an die Hand gibt; denn die wechselnden Lang- und Kurzverse gestatten ausser an einigen oben besprochenen Stelle verschiedene metrische Gruppirung: — 12 — 28 — 38 — 49 — 60 — 66 — 71 — 80. Das letzte trochäische System nimmt Epidicus mit 4 Septenaren auf; dann folgt seine Monodie (oben S. 13), deren Stellung nach statt vor dem Duett eine Seltenheit, aber grade im Epidicus (wie S. 84 nachzutragen) auch den beiden folgenden Gesangscenen eigen ist.

Von den 3 übrigen Gesangscenen leiten 166 sq. und 320 sq. die beiden folgenden Acte ein, 526 sq. bezeichnet die Höhe der Handlung. 166—188 ist ein Duett zwischen den beiden Alten, zu dem Epidicus mit einem eignen Liede hinzutritt. Dieses Lied wird in A und P zur folgenden Scene gezogen und dadurch bewiesen, dass das Duett mit v. 180 zu Ende ist. Wenn also nach v. 188 Liedverse ausgefallen sind, so gehörten sie dem Epidicus; wahrscheinlich aber sind nur Septenare verloren, die das Gespräch der beiden Alten einleiteten. 166—178

beginnt Apoecides (I) mit einer kleinen Monodie, deren 3 kurze Perioden (a) 2
trochäische b) 2 kretische c) ein anapästischer Vers mit jambischem Kolon) jede
durch einen ithyphallicus abgeschlossen werden. Das dann folgende Duett (II)
besteht gleichfalls aus wenigen Versen: 5 kretischen Tetrametern, deren letztem
ein Senar voraufgeht und 2 jamb. Octonare folgen. Endlich das Liedchen des
Epidicus (III), das oben S. 35 besprochen ist, fast ganz jambisch. So hängt II
mit III durch die Jamben, mit I durch die Kretiker zusammen; wenn a Trochäen,
b Kretiker, c Jamben bedeutet, so ist das Schema nach den vorwiegenden Massen
ab, bc, c.

Ganz parallel ist die Scene 320 sq. angelegt: hier gehört das Duett, an dem
Epidicus dann hinzutritt, statt der beiden alten den beiden jungen Freunden.
I —328, ungeduldiges Warten des Liebhabers, Schelten des Freundes auf Epidicus: 4 kret. Tetrameter, die auf S. 36 erwähnten Jamben, troch. Septenar,
kret. Trimeter mit ithyphallicus als Clausel. II —336, Vertheidigung des Freundes gegen den Zorn des Liebhabers: 1 troch., 2 jamb. Octonare, zu anap. Septenar sich steigernd, 1 unsicherer troch. Septenar, jamb. Octonar, 1 unsicherer
Vers (Senar?), Septenar. I zeichnet sich durch die cretici, II durch den anap.
Vers aus, die in I in die Mitte genommenen Jamben und Trochäen herrschen
in II. Ueber die folgenden Verse des Epidicus s. oben S. 52.

Die letzte Gesangscene, 526—546, hat wieder die häufigste Form: Monodie,
dann Duett; über dieses (II. III) habe ich S. 51 das Nöthige gesagt. Das Lied
der Philippa beginnt mit 1 troch. Octonar, die beiden nächsten Verse sind kretische Tetrameter; dann folgen 2 unsichere Verse, über die ich meine Ver-
muthungen noch nicht begründen kann, endlich 2 jamb. Octonare. Von III ist
der grössere zweite Theil trochäisch wie der Eingang von I; III beginnt mit 2
kret. Tetrametern (538 sq.), wie sie in I auf den Anfang folgen; die Jamben sind
I, die Anapäste III eigenthümlich. II ist ganz glyconeisch. Ueber III muss indes-
sen bemerkt werden, dass die als trochäisch bezeichnete Partie zum grossen Theil
mehrdeutig ist, die Möglichkeiten hier durchzusprechen scheint mir ohne Nutzen.

Das Sklavenduett im Eingange des Persa beginnt mit 2 parallel gebauten
Monodien, dann folgt das Gespräch in 3 Abschnitten, deren mittlerer metrisch
hervorgehoben, der erste und dritte mehrfach gegliedert ist; über das Einzelne
ist S. 32 gehandelt. Die Monodie der Sophoclidisca 168—182 mit einer kurzen
Zwischenrede der Lemniselenis ist ganz anapästisch, 7 Langverse 6 Dimeter 2
Langverse; die des Sagaristio 251 sq. beginnt mit 4 lyrischen Versen (1 kret.
Dim., 2 bacch. Tetram., ein lückenhafter Vers der mit ithyphallicus schliesst),
wie die andern S. 86 genannten, worauf wechselnde troch. und jamb. Langverse
folgen, durch einen ithyphallicus beschlossen wie die einleitende lyrische Gruppe;
daran knüpft sich ein kleines Duett: 2 anap. Langverse fassen 4 trochäische ein,
1 jamb. und 1 troch. Dimeter schliessen ab.

An der grossen Schlussscene 753—857 nehmen 5 Personen Theil, die in
zwei Partien alle fünf zu Worte kommen: 789—802 (IV) und in der Schlusspartie 843 sq. (VII). Eingeleitet wird das Ganze durch eine Monodie des Toxi-

lus (I): a) Gebet, 4 anap. Octonare; b) Ankündigung des Gelages, 4 anap. Octonare zwischen deren erstem und zweitem eine kretisch-anap. Gruppe steht
(Tetram. mit paroem. zweimal, der 2. paroem. unsicher). Dann II Terzett: a)
Einleitung des Gelages 763—769, b) das Gelage —776, alles anap. Langverse,
wie auch III die Verse des Dordalus allein und IV sein erstes Scharmützel mit
jedem der fünf, auslaufend in das S. 25 berührte System. Als Steigerung und
Gipfel der Scene folgt (V) der Tanz Paegniums 803—818 als Terzett zwischen
ihm, Dordalus und Toxilus (oben S. 16. 43), zuerst kretisch (2 Tetrameter zwischen 2 Trimetern, in die Clausel —∪—∪ auslaufend), dann baccheisch, und zwar
7 Tetrameter, deren zweiter katalektisch und von 2 katal. Dimetern gefolgt ist,
der dritte von 4 solchen oder 2 jamb. Dimetern, der fünfte von 1 katal. baccheischen und 1 troch. Dimeter, endlich der letzte, an alles diesem Abschnitt Vor-
aufgegangene erinnernd, von der anapästischen Clausel. An diese metrische Aus-
gelassenheit knüpft sich (VI) die Fortsetzung des Gelages an, mit Verspottung
und jonischen Tänzen, in trochäischen Septenaren (819—842), deren Ethos also
ohne Frage πορδακιστάτερον ist; man darf aber doch nur annehmen dass sie recitirt wurden, ein gutes Beispiel für diese Gattung des 'canticum', da der Tanz
durchaus Musikbegleitung verlangt [1]). Endlich kommt der (v. 833—842 vorbereitete) letzte Angriff auf Dordalus (VII), an dem sich nacheinander Sagaristio
Toxilus Paegnium Lemniselenis betheiligen: a) 843—850 Anapäste, vor den beiden letzten metra 2 Reiziana, zuletzt ein troch. Octonar; b) 2 troch. Septonare,
den Abschluss einleitend: c) Dordalus erklärt sich besiegt und geht unter dem
Hohn der Andern: 3 jamb. cola, dann Baccheen; aber der Abschluss ist durch
die Ueberlieferung verdunkelt. Wenn wir das Ganze übersehen, so finden wir
am Anfang in der Monodie und am Schluss im Quartett einige metrische Variation, in der Mitte, von den herrschenden Anapästen (und troch. Septenaren) flan-
kirt, ein durch metrische Mannigfaltigkeit stark hervorgehobnes Tanzterzett.
Man hat dieser Composition gegenüber einige Sicherheit, sich auch von dem Ge-
sammteindruck, den das Finale durch Musik und Tanz hervorbringen sollte, eine
richtige Vorstellung zu machen.

　　Der Stichus hat gleichfalls eine, freilich in Worten kurze Tanzscene am
Schlusse, gleichfalls ein grosses Duett im Eingang, eine Monodie mit an-
schliessendem Wechselgesang 274—330. Das erste Duett beginnt (I) mit den
Reden der beiden Schwestern über ihre Gattentreue 1—8 (oben S. 55); II sie
nehmen Platz und die Schwester klagt über das Verhalten des Vaters 9—17:
1 Reizianus, Spielart des Reizianus 5 mal, 2 cola, dann die ersten Anapäste (2
paroemiaci); III das grosse anapästische System (oben S. 25) mit Fortsetzung
und Schluss des Gespräches. Der Anfang des Systems (18. 19) greift inhaltlich
in II über. I hat keine Anapäste, II bildet deutlich die Vermittelung. Es mag
noch daran erinnert werden, dass das Stück in seiner letzten lyrischen Partie
wie in seiner ersten versus Reiziani hat, freilich von überaus verschiednem Ethos.

---

1) Die nächste Vergleichung geben die Septenare Cas. 798 sq. mit dem hymenaeus.

Die Monodie des Pinacium (I) 274—308 erinnert an die des Sosia, durch
die Erscheinung als Bote, die Langverse, die Zwischenrede des Gelasimus; durch
diese ist a) abgesondert, die Freude und Eile (—287); dann b) er hält ein und
kehrt wieder um, abgeschlossen durch Senar (300); c) er besinnt sich und läuft
zur Thür (308). Nun folgt (II) ein Duett mit Gelasimns, das in ein Terzett mit
ihm und Panegyris ausläuft, das Ganze ein grosses anapästisches System, über
das S. 25 gehandelt ist. Vor dem Eintreten der Panegyris ins Gespräch findet Katalexis statt, man hat also die Freiheit das Terzett als dritten Abschnitt des Ganzen zu bezeichnen.

Persa und Stichus haben nicht nur mit Cistellaria und Epidicus die lyrische
Anfangsscene, auch mit den noch nicht berührten Pseudolus Casina Bacchides
die lyrische Schlussscene gemein; d. h. sie sind die einzigen Stücke, die mit Gesangscenen beginnen und schliessen. Nun ist der Persa nicht nur einem Stücke
der mittleren Komödie nachgebildet, sein Schlussakt ist auch, als Erbtheil der
ἀρχαία, ein organischer Bestandtheil des Originals[1]) und dessen lyrische Form
muss für das Original vorausgesetzt werden. Eben so gewiss ist es, dass der
Schlussakt des Stichus nicht aus dem menandrischen Originale stammt, sondern
aus einer dem Persa gleichartigen Komödie[2]); alle Wahrscheinlichkeit ist also
dafür, dass die metrische Form des Stichus, nicht der des Persa, sondern der
Gattung der auch der Persa entstammt angeglichen ist, d. h. der μέση κωμῳδία
oder vielmehr einer der in ihr lebendigen Formen. Weiter dürfen wir freilich
nicht geben; jeder Schritt, der über Persa und Stichus hinaus die mit lyrischem
Anfang oder Ende versehenen Stücke auf die Composition der μέση zurückführen
wollte, dürfte in die Irre führen.

Die noch übrigen drei Stücke heben sich durch ihren Reichthum an lyrischen Partien vor allen anderen hervor: Pseudolus Casina Bacchides.

Die 5 Gesangscenen des Pseudolus haben sämmtlich am Anfang eine
Monodie: 574. 905. 1246 des Pseudolus, 133 des Ballio, 1103 des Harpax. Von
Ballios grosser Scene 133—229 kann man nicht wissen, wie weit sie zur Recitation, ob vielleicht nur die erste Periode (—141, mit ithyphallicus schliessend) zum
Gesange bestimmt war, wie vermuthlich die Zwischenreden der Lauscher. Die
beiden Haupttheile (1 —172 Anrede an die Sclaven, II an die Mädchen) zerfal-
len der eine in 3, der andere in 5 Abschnitte, wie Usener Greifsw. Progr. 1866,
4—7 sie zerlegt hat; zwischen II b und c ist ein kürzeres, zwischen c und d
ein längeres Zwischenspiel des Calidorus und Pseudolus eingelegt. Dann folgt
230—240 ein anapästisches Duett (mit jambischer Clausel) zwischen diesen beiden
(III). 241—264 Terzett (IV). Die Anapäste von III schliessen an die metra von
I. II an, ebenso die Trochäen, mit denen IV beginnt: 4 akat. Dimeter (Ballio
will gehen). Dann bringt das Terzett neue Elemente, Baccheen und Kretiker.
Calidorus und Pseudolus rufen dem Ballio nach, verlegen ihm den Weg, rufen

---

1) v. Wilamowitz Ind. schol. Gotting. 1893/94 p. 22.
2) Plaut. Forsch. 152.

ihm wieder nach; hier ist etwas wie Responsion: zweimal ein troch. Octonar und 5 bacch. Tetrameter, als Abgesang 1 Octonar mit 2 Tetrametern (243—257). Dann bricht Calidorus in Klagen aus, Ballio lässt sich bewegen zu halten: dies sind kretische Verse mit einem ithyphallicus als Abschluss des Ganzen. Das grosse baccheische Mittelstück, durch 3 trochäische Langverse gegliedert, wird also durch eine trochäische und eine kretische kleinere Periode umfasst. 574—603 ist bis 593 Monodie des Pseudolus. Sie wird eingeleitet und abgeschlossen durch je 2 anapästische Langverse: a) Freude über den gefundenen Kriegsplan, d) Ankündigung des Harpax. Dazwischen stehen zwei Abschnitte, die beide metrisch mannigfaltig sind: b) 576—583 Betrachtung und Allgemeines über die Kampfbereitschaft: trochäische (oben S. 14) anapästische baccheische Verse, die ersten 4 zweimal Langvers mit Kolon, die letzten 4 zwei anap. Octonare, die zwei bacch. Tetrameter einschliessen; c) —591 Kriegsplan und Siegeszuversicht: eine trochäische, eine anapästische Gruppe, durch einen Reizianus abgeschlossen; dann, die beiden Gruppen reflectirend, ein trochäischer Septenar und anapästischer Dimeter. Dann erscheint Harpax mit einer Einführung in Anapästen, Pseudolus schliesst, die neue Situation ergreifend, mit Anapästen ab, die vielleicht in ein Reizianum auslaufen.

Dagegen ist 905—950 ein grosses Duett mit kurzer Monodie vorauf. Diese (I) besteht aus anap. System, in 2 paroeminci ausgehend (S. 25 A. 2) und 3 Octonaren, mit deren letztem (912) das Duett beginnt. Dieses zerlegt sich in eine Einleitung (II): Anapäste, die 2 jamb. Langverse einfassen; III Aufforderung zu handeln 919—922: jamb. Octonar, dann Kretiker (2 Tetrameter mit dem ihnen zugehörigen Kolon — ᴗ — ᴗ) in ithyphallicus auslaufend; IV Prahlerei Simias, von 930 an unter Beifall und Bewunderung des Pseudolus: a) 6 jamb. Dimeter; b) 5 kret. Tetrameter, bei deren letztem Pseudolus einsetzt, 1 anap. Dimeter mit Reizianum; c) 4 kret. Tetrameter mit Reizianum (935ᵃ). Inhaltlich gehört V hiermit zusammen, auch metrisch dadurch dass die erste Gruppe von 3 Versen (2 anap. 1 troch. Septenar) durch ein Reizianum abgeschlossen wird. Aber im übrigen besteht diese ganze Schlusspartie aus Anapästen wie die einleitende Monodie und überwiegend II; nur als Clausel der ganzen Scene tritt, nachdem den letzten katalektischen Langvers ein paroemiacus aufgenommen hat, zuletzt ein ithyphallicus ein. Es sind also 2 grosse anapästische Stücke, die das kretisch-jambisch-kretische Mittelstück einfassen.

1103—1135 hat nach der Monodie des Harpax (—1121) ein nicht viel kürzeres Terzett. Die Monodie (I) zerfällt in 2 Abschnitte: a) —1115, Betrachtung mit Nutzanwendung, metrisch bunt: 2 anap., 2 bacch. Octonare, 1 troch. Septenar mit kret. Dimeter, dann kretisch-trochäische cola, ein unsicheres Kolon (anap.?), wieder kretischer Dimeter; dann 3 synkopirte jamb. Tetrameter (oben S. 20), deren letztem ein ithyphallicus vorangeht; b) die gegenwärtige Lage und Absicht: hier treten reine kretische Verse ein, 3 Tetrameter 1 Trimeter, dann 1 anap. Octonar und 1 Septenar. Es wird also wie 574 sq. die Monodie durch je 2 anap. Langverse eingefasst. Hierauf (II) geht Harpax auf das Haus zu, mit

Worten die für den Kuppler bestimmt sind (1122. 3), kret. Dimeter wie 1108
und 1111 und troch. Septenar, der die beiden folgenden des Ballio und Simo
einleitet; dann 5 bacch. Tetrameter Ballios, dem Simo secundirt. Auch III wird
durch Harpax eingeleitet, mit eben so viel metra wie 1122. 3, wahrscheinlich
auch hier 1 kret. Dimeter, dem 2 trochäische folgen; dann ein trochäisches System Ballios (oben S. 30). Man sieht dass das Terzett zwar metrische Anklänge
an die Monodie hat, aber doch durchaus von ihr geschieden ist: hier überwiegen
Kretiker und Jamben, dort Baccheen und Trochäen.

Ueber 1246—1234 ist S. 41, über 1285—1335 S. 57 gehandelt worden.

Die Casina ist ein zweigetheiltes Stück: die erste Handlung, die Losung,
von der die Κληρούμενοι den Namen hatten, ist v. 423 zu Ende; die folgenden
Scenen bereiten die zweite Handlung vor, die Zweimännerhochzeit, eine durchaus
den Character der Atellane tragende Farce. Diese Handlung beginnt v. 621.
Der erste Theil, bis zu diesem Verse gerechnet, hat zwischen dem exponirenden
Dialog und der Haupthandlung eine grosse Gesangscene, die sich durch Monodie
(Cleostrata, mit einem Zwischenverse der Pardalisca), Duett (C. und Myrrhina),
Monodie (Lysidamus) und Duett (C. und L.) hindurchzieht, durch die Figur der
Cleostrata zusammengehalten. Sie reicht von 144 bis 251. 1 Monodie der Cleostrata —162, polymetrisch: 3 baccheische Tetrameter beginnen; die Zofe, die im
zweiten Theil des Stückes eine Hauptrolle spielen soll, setzt mit 2 cretici und
ithyphallicus, ihrem einzigen Verse, ein; Cleostrata fährt fort: troch. Dimeter,
ithyphallicus, 7 cretici, 1 troch. Septenar, dann wieder 2 bacch. Tetrameter,
wieder kret. Tetrameter, 2 trochäische cola (das zweite unsicher) mit Reizianum;
wieder 1 bacch. Tetrameter, troch. Septenar, doppeltes Reizianum als Abschluss.
Baccheen Kretiker Trochäen bilden den wesentlichen Bestand. II —182. Myrrhina,
einige monodische Verse, Anfang des Duetts (Begrüssung und Frage). Sie beginnt anapästisch, fährt mit einem kret. Tetrameter fort, der an I erinnert und
III vorbereitet. Dann ein jamb. Kolon und, als Beginn der Wechselrede, einige
anapästische; dann 3 mal das doppelte Reizianum (mit dem I abschloss), zwischen
1 und 2 ein Senar, zwischen 2 und 3 ein anap. Dimeter; endlich ein anap. Octonar und vielleicht ein jambischer Vers. Also auch hier Polymetrie; die Anapäste in ähnlicher Vertheilung wie die Baccheen in I; Jamben statt der Trochäen
in I; nur der kretische Vers und die Reiziana mit I gemeinsam. Alles Folgende
ist einfacher nach Wahl und Vertheilung der metra. III —202, Klage und Ent-
gegnung. Auf der Grenze steht ein bacch. Tetrameter, der letzte baccheische
Vers, an I erinnernd und vielleicht noch zu II zu rechnen; er wiederholt dring-
licher die vorige Frage und kann also inhaltlich zu II wie, einleitend, zu III
gehören. Danach besteht III aus 13 kret. Tetrametern, zwischen deren 9. und
10. eine Gruppe von 4 troch. Dimetern steht; also die Anordnung einfach a b a.
Die metrischen Elemente, Kretiker und Trochäen, sind die in I herrschenden,
in II fehlenden; danach ist es wahrscheinlich dass auch der baccheische Vers zu
Anfang zu III gehört, das somit den metrischen Bestand von I, aber in grossen
geordneten Perioden, wiederspiegelt. IV Rath der Myrrhina, Abschied: ganz

anapästisch, also an II erinnernd wie III an I. Die nun folgende (V) Monodie des Lysidamus, 217—228, ist gleichfalls ganz in Anapästen geschrieben. Das Duett beginnt (VI, Einleitung) mit 3 jamb. Octonaren; dann 4 kret. Tetrameter und vor dem kretisch-trochäischen Schlussverse (237) wieder ein jamb. Octonar. VII (die Vorwürfe) besteht aus trochäischen Langversen wie V aus anapästischen. V VI VII sind also in der Weise geordnet, dass nur das Mittelstück einige metrische Mannigfaltigkeit zeigt.

Diese Gesangpartie führt durch ihre immerhin ungewöhnliche Ausdehnung eine Art von Gleichgewicht zwischen den beiden Hälften des Stückes herbei. Denn die zweite kleinere, 621—1018, ist ein Singspiel, nur unterbrochen durch die Senarscene 759—797 und die nach dem Duett gesprochenen Senare 847—854, beschlossen durch die Septenare 963 sq.; denn die Septenarscene 798—814 enthält das Hochzeitslied; alle anderen Scenen sind ausgesprochen lyrisch: eine Monodie der Soubrette leitet ein —629; Duett mit Lysidamus —719; Olympio Citrio —723; Olympio Lysidamus —758; nach den Senaren Olympio Lysidamus, recitirend und singend, —814; Monodie der Pardalisca —821; Terzett —834; Olympio Lysidamus —854; Terzett der Frauen (zu vergleichen nur das der Cistellaria) —874; Monodie des Olympio —891; Olympio Cleostrata (mit Zwischenreden der Myrrhina) —936; Monodie des Lysidamus —962.

So steht die zweite Hälfte der Casina ganz allein unter den Plautinischen Stücken als förmliche Gesangsposse. Diese Beobachtung legt es nahe, eine Frage, die ich schon Pl. Forsch. 151 (vgl. 189) aufgeworfen habe, wieder ins Auge zu fassen, die Frage nach dem Verhältniss der Casina zu ihrem Original.

Der grotesk possenhafte Charakter jener zweiten Handlung stimmt durchaus nicht zu dem was wir von der neuen attischen Komödie haben und wissen; es ist auch unter den plautinischen Stücken mit possenhaften Scenen keine dieser derben Verkleidungskomik ähnliche Erfindung. Wir müssten das gelten lassen, da Diphilos in so vielen Punkten sich der μέση zuneigt, von deren Stoffen und Art wir mit minderer Sicherheit urtheilen können; aber wir wissen aus Prolog und Epilog der Casina (65. 1013) einmal dass Plautus selbst das Stück und seine Handlung ganz wesentlich umgestaltet hat, zum andern dass die Erfindung, mit der Diphilos das Stück weitergeführt hat, mit der bei Plautus erscheinenden sich nicht wohl vereinigen lässt. Bei Diphilos war Casina die Tochter des Alcesimus und der Myrrhina, sie wurde erkannt und Euthynicus, ihr Liebhaber, heirathete sie; das zeigt mit Sicherheit eine Entwicklung in dem uns geläufigen Stile der Komödie, den ja auch für Diphilos der Rudens belegt. Ich sehe nicht ab wie diese Entwicklung neben der Verkleidungsposse hätte bestehen können; Euthynicus musste auftreten, die ἀναγνώρισις der Casina musste sich vorbereiten und vollziehen, schwerlich konnte sie selbst hinter der Scene bleiben, während sie jetzt selbst hinter der Scene persönlich nicht in Betracht kommt. Plautus hat sein ganz neues Motiv an Stelle des oft behandelten attischen gesetzt; darauf führt jede neue Ueberlegung. Nun sind wir gewöhnt, in solchem Falle der 'Contamination' ausschliesslich, wie Terenz es an die Hand gibt, zu

Ergänzung aus einer anderen attischen Komödie zu denken. Aber diese Beschränkung ist doch nur eine selbstgemachte; jetzt, wo das Grenfellsche Lied uns den Gedanken an die Fülle untergeordneten komischen Bühnenspiels wieder nahe rückt, wird man sich erinnern, dass auf Plautus und seine Zeitgenossen auch andere Anregungen wirkten als die der Litteratur und der Technitenbühne; vor allem von griechischer Seite die φλύακες, von römischer die Atellane. Nun stimmt, wie gesagt, die Verkleidungsposse der Casina nicht zu den Stoffen und dem Ton der νέα κωμῳδία, aber sie stimmt vortrefflich zur Atellana. Von der kunstmässig gewordenen Atellana kann man grade das mit Bestimmtheit sagen, dass sie in Stoff und Ton mit der alten volksmässigen zusammenging; Pomponius und Novius dienen also direkt zur Vergleichung. Nun kennen wir von ihnen Titel wie Maccus virgo, Prostibulum, Sponsa Pappi, die theils sicher theils mit Wahrscheinlichkeit den verkleideten Maccus anzeigen; und Verse wie Pomp. 57 R. *vocem deducas oportet, ut videantur mulieris verba,* 67 *perii, non puellulast. numquid abscondidisti inter nates?* (womit man Cas. 902—914 vergleichen mag); auch unter den Phlyakenvasen stellt die sog. Antigone[1] dar wie ein als Weib verkleideter Mann ertappt wird. In diese Sphäre gehört die von Plautus der Casina eingefügte Erfindung. Dass aber die italische Volksposse damals in Rom lebendig war lehren nicht nur die bekannten und oft besprochnen Zeugnisse, auch Plautus selbst bezeugt es, durch seinen Namen *Maccus*[2] sowohl wie durch die Verse Curc. 150 *fac causa mea ludii barbari, sussilite obsecro* und Rud. 535 wo Charmides fragt *quid si aliquo ad ludos me pro Manduco locem?* und auf die Frage *quapropter?* antwortet: *quia pol clare crepito dentibus*; die Identität des *Manducus* und *Dossennus* bezeugt Varro de l. l. 7, 95[3]).

Der Gedanke an die Atellana gibt zwei Möglichkeiten an die Hand: Plautus kann einen ihm geläufigen Atellanenstoff verarbeitet, er kann aber auch die Erfindung der Posse selbst gemacht haben. Wenn man aber in diesen Richtungen dem Gedanken nachgeht, so findet man bald dass er in die Irre führt; denn auch jenes Possenspiel der Casina wurzelt in griechischem Boden wie seine metrische Form und die gesammte plautinische Kunst. Nicht die griechischen Wörter 728 sq. zeigen das[4], auch nicht die *Attica disciplina* 652, deren Erwähnung zwar in einem attischen Stück von selbst gegeben aber doch auch in einer dem attischen Stück eingefügten Partie vollkommen natürlich war; eher *Hector Ilius* 995, der hymenaeus 798 sq., vor allem aber die tragische Parodie im Anfange 621 sq.[5]). Dem Diphilos kann diese nicht mehr zugeschrieben werden, aber auf ein griechisches Original führt sie mit Bestimmtheit. Wenn man aber

1) Welcker A. D. III 504, Heydemann Arch. Jahrb. I n. t, Völker Rhinth. fragm. 21, A. Körte Arch. Jahrb. VIII 88.

2) Plaut. Forsch. 75. Marx bei Pauly-Wissowa II 1917 meint es liege 'ein Wortwitz des Prologsprechers' vor. Ich kann diesem Gedankengange nicht folgen.

3) Plaut. Forsch. 75.

4) Plaut. Forsch. 95.

5) Plaut. Forsch. 120.

auch für die alte volksmässige Atellana hilarotragödische Stoffe voraussetzen wollte, würde doch der Stoff um den es sich hier handelt mit tragischer Parodie gar nichts zu thun haben; dass aber komische Erhebung des Tons sich von selbst in Parodie der euripideischen Tragödie umsetzt, das ist nur auf griechischem Boden zu erwarten.

Die der Atellana nächstverwandte Gattung sind die unteritalischen φλύακες. Die enge Zusammengehörigkeit der beiden hat zuletzt Bethe[1]) nachdrücklich betont, an ihr kann, wenigstens soweit das Stoffliche in Frage kommt, kein Zweifel sein (gar sehr an der Herleitung der Atellana von den φλύακες). Die litterarische Ueberlieferung zwar bezeugt vornehmlich paratragödische Stoffe, aber die Fülle der possenhaften Darstellungen aus dem Leben liegt in den Phlyakenvasen vor[2]). Wir dürfen was uns über die Stoffe der Atellana bekannt ist auf die φλύακες übertragen[3]).

Ueber die Form lässt sich nicht mit derselben Sicherheit reden. Die paar Fragmente Rhinthons gestatten so wenig einen Schluss wie die zahlreichen des Pomponius und Novius, da die litteraturfähige Atellana ihre Form nicht an die alte Atellana sondern an die ausgehende palliata angelehnt hat. Für die ursprüngliche Volksposse bezeugt Livius VII 2 nach Varro Gesang und Tanz; und auch für die φλύακες ist die Wahrscheinlichkeit, dass das Singspiel unter ihnen einen breiten Raum einnahm, von vorn herein gross. Auf eine solche griechische Gesangposse, in der lyrischen Behandlung der ἱλαρῳδία und μαγῳδία verwandt, weist die wie der Stoff singuläre Form des Ausganges der Casina hin.

Die Scenen 621—768, Monodie der Pardalisca mit anschliessenden Duetten, die durch die Figur des Lysidamus zusammengehalten werden wie 144—251 durch die Cleostrata, habe ich S. 46—49 behandelt. Die Abtheilung nach inhaltlich und metrisch sich sondernden Perioden ist wie in allen übrigen cantica; einige der auch sonst geläufigen Versarten sind reichlich verwendet. Aber besondere Eigenheiten dieser Lieder heben sich unverkennbar heraus: 1) die jonischen Gruppen und Verse (S. 46 ff.), 2) die ungewöhnlich zahlreichen bacch. Dimeter, akatalektische und katalektische (diese singulär), mit Reizianum (S. 16), 3) die stichischen Reiziana 749 sq. (S. 61), 4) das jambische System 710 sq. (S. 33. 37) mit den voraufgehenden dactylischen Tetrametern. Diese Eigenheiten zusammen geben den Scenen einen ganz besonderen, augenscheinlich dem lasciv ausgelassenen Singspiel besonders angemessenen Charakter.

Durch den Hymenäus der auf die Braut Wartenden vorne und durch 8 Senare hinten, die sich ohne Satztrennung anschliessen[4]), von der Umgebung

1) Proleg. zur Gesch. d. Theaters 293 ff.

2) Heydemann Arch. Jahrb. I, danach besonders A. Körte Arch. Jahrb. VIII, 61, Reisch das griech. Theater 311.

3) Auf Dieterichs Pulcinella kann ich noch während der Correctur verweisen; besonders auf das 4. Kapitel und die Anmerkung auf S. 85.

4) Ich bedaure v. 852—854 die falsche handschriftliche Personenvertheilung beibehalten zu haben, obwohl das Richtige Loman angegeben und Ussing ausgeführt hat. Natürlich gehört rah dem Lysidamus, quid negotist dem Olympio und so weiter.

gelöst sind Monodie, Terzett und Duett 815—846. Pardalisca, neben den beiden
Matronen mit der Braut erscheinend, singt das Brautführerlied (I): a) 815
jonisch 816 jambisch (kretisch? S. 49) 817 ithyphallicus, b) Anapäste: 2 Octonare
und Dimeter, beschlossen durch ithyphallicus; d. h. 2 kurze Perioden, die eine
jonisch-jambisch, die andere anapästisch, beide auf dasselbe Schlusskolon ausgehend.   II: a) Olympio und Lysidamus, jamb. Septenar, versus Reizianus,
2 bacch. Tetrameter, also drei neue Rhythmen; dann setzt Pardalisca ein mit anap.
Dimeter und ithyphallicus, d. h. genau so wie ihr Lied geschlossen hat.   Es
kann wohl keine Frage sein, dass sie hier die Schlussmelodie des Brautliedes
wiederholt oder variirt: der Weg den der Dichter dem Componisten vorgezeichnet
hat, die Art der musikalischen Abwechslung und Rückweisung, das gesteigerte
schelmische Ethos, Alles liegt hier einmal so deutlich vor dass man meint die
Scene singen zu hören.   b) wieder Baccheen (Dimeter mit Reizianum, Tetrameter), in die Pardalisca nun einstimmt, durch jambisches Kolon (katal. Dimeter)
abgeschlossen, dann der Abschied: *Valete. Ite iam. Ite. Jam valete,* für dessen
Messung doch wohl nur zwei Möglichkeiten vorliegen: entweder, wie in der
adnotatio angegeben, $\cup--\cup-$ $\cup-\cup-\cup$ (oben S. 16) oder, mit syllaba anceps im
Kolonschluss, $\cup--\cup-$ $-\cup-\cup-\cup$. Die zweite Möglichkeit empfiehlt sich durch
den ithyphallicus, der so die beiden Perioden von I ebenso wie die beiden von
I abschliesst; um so mehr als auch 840 *tene hanc lampadem. Immo ego hanc
tenebo* unter derselben Voraussetzung dieselbe Messung zulässt, auch hier die
Periode abschliessend. III Lysidamus und Olympio mit der stummen Braut;
a) wieder Baccheen, und zwar 2 Tetrameter auf deren jeden der katal. jamb.
Dimeter folgt: dieselbe Verbindung die im Terzett dem Abschiedsverse voraus-
ging; ein in jambisches Kolon ausgehender bacch. Trimeter (oben S. 22) und als
Schluss derselbe Vers der II abschliesst.   Die metrische, das heisst in diesem
Falle gewiss die musikalische Verwandtschaft von III mit II ist so deutlich
wie die von II mit I. Der Ausgang des Duetts und Abgesang der Scene beginnt
b) mit anap. Dimeter (vgl. I b II a) und bacch. Tetrameter (II a b III a) und
endigt in 4 cola: 2 jambische wie in II b III a und, von ihnen in die Mitte
genommen, 2 Reizina (vgl. 826. 831); das 4. Kolon führt im Satze oder, wenn
man will, mit dem Auftact zu dem Satze, zu den Senaren über. Mit Bezug
auf die Buntheit wie auf die Besonderheit der metra ist auch diese Scene nur
mit wenigen plautinischen zu vergleichen. Dabei ist die Anordnung von bemerkenswerther Einfachheit: drei zweigetheilte Gruppen, die sich äusserlich schon
durch die Personen, innerlich durch die metra aufs deutlichste sondern.

    Nach den Senaren beginnt das Finale: das Terzett der Frauen, dann
Olympio und Lysidamus, beide über ihre Schande klagend, Olympio sie den
Frauen unter ihrer lebhaften Theilnahme berichtend. Das Terzett (I) 855—874
beginnt einfach: bacch. Tetrameter mit denen sich die Frauen ablösen, die eine
wirft einen troch. Septenar dazwischen. In der längeren Partie der Cleostrata
wird das Metrum mannigfaltiger, Kretiker, wie es scheint auch Anapäste treten
neben die Baccheen, aber das Einzelne ist durch die Verstümmelung der Hand-

schriften unkenntlich. Der Schluss ist kretisch (Dimeter mit Kolon) mit Reizianum. 11 Olympio: a) 8 anap. Langverse, c) 2 dergleichen, die durch das Zutreten der Frauen unterbrochen werden; dazwischen b) von mannigfaltigerer Bildung: 3 kret. Tetrameter, zwei unsichere Verse, der eine durch Verstümmelung (der zweite vielleicht dakt. Tetrameter mit Reizianum), dann kret. Dimeter mit Kolon und ithyphallicus (oben S. 18 A. 3). III die Frauen setzen ein, 3 Reiziani, der erste trochäisch, 2 jamb. Dimeter. Das Folgende ist stark verstümmelt, der Inhalt meist kenntlich aber das Metrum oft vieldeutig. Olympio fängt an zu erzählen, zuerst von seinem verunglückten Suchen nach dem Schwerte, stockend und mit beständiger Nachhilfe der Frauen; hier finden wir Anapäste (901), Kretiker mit $-\cup-\cup-$ (906 sq.), Trochäen (909 sq.), Jamben (913), ein troch. Kolon zum Schluss (914). IV zusammenhängende Erzählung: troch. Langverse, nur die kosende Rede des jungen Gatten in bewegteren Massen: ein langer und ein kurzer katalektischer jambischer Vers, ein bacch. Tetrameter. Nach den Trochäen beginnen (V) wahrscheinlich v. 925 jambische Septenare. in denen die Erzählung zu Ende geht. Die Scene schliesst mit dem trochäischen Reizianus und vielleicht 2 jonischen Tetrametern, s. oben S. 49. Endlich erscheint Lysidamus und singt das Lied (VI), dessen metra ich S. 53 behandelt habe. Es beginnt mit Daktylen und läuft in eine grosse glyconeische Versgruppe aus.

Soweit sich aus der Wahl und Anordnung der metra ein Schluss auf die musikalische Behandlung eines antiken Gedichtes ziehen lässt, ist dieser zweite Theil der Casina als Ganzes durchaus und im Einzelnen nachweislich in vielen Stücken von der übrigen plautinischen Lyrik verschieden; die Analyse der poetischen Composition wird durch die der metrischen lediglich bestätigt.

Am nächsten der Casina kommen in der Gestaltung der lyrischen Partien die Bacchides, die überhaupt am reichsten mit Gesangscenen ausgestattet sind. Dass dem so ist würde noch deutlicher hervortreten, wenn der Anfang erhalten wäre; denn die Fragmente des verlorenen Theiles ergeben mit Sicherheit zwei Monodien (frg. 1. 2 und 17) und ein oder zwei lyrische Gespräche (frg. 8. 12). Nach dem erhaltenen Anfang ist bis v. 611, d. h. bis zum Ende des ersten Theiles der Handlung, keine lyrische Scene; dann setzt eine grosse ein, 612—670 (Monodie, Duett, Monodie), in der durch die Gegensätze von Klage und Jubel die activen Träger der Handlung zur Vorbereitung ihres zweiten Theiles zusammengeführt werden. Die Höhe dieser zweiten Handlung wird durch eine grosse Monodie mit Duett bezeichnet (925—996); vollendet wird sie in der folgenden Senarscene. Dann kommt das Nachspiel, 1076—1206, in dem die Niederlage der Väter und der Triumph der Hetären vorgeführt wird, und dieses ist von Anfang bis zu Ende lyrisch; Ruhepausen für die Sänger geben nur die troch. Septenare 1117—1119 und 1141—1148. Aber es ist nur ein Nachspiel, das dazu da ist die Consequenzen der Handlung in recht grellen Farben auszumalen, und hat als solches am meisten Aehnlichkeit mit dem Ausgange des Pseudolus, einige mit dem des Persa und des Stichus, während für die Casina grade das charakteristisch ist, dass der zweite Theil der Handlung selbst als Singspiel erscheint. Auch das haben die Bacchides mit der Casina äusserlich gemein, dass die Liedscenen in der Mitte der Komödie mehrere Gesangstücke zusammenfassen. Es liegt danach nahe für den verlorenen Anfang etwas ähnliches anzunehmen; und wer noch einmal die Fragmente zu ordnen unternehmen will wird gut thun, in dieser Richtung einen Versuch zu machen.

Zunächst 612—670. Das Lied des Mnesilochus (I) 612—624 besteht aus Selbstanklagen, deren Grund erst in den letzten 3 Versen angegeben wird; dann tritt Pistoclerus hinzu (II) und es gibt ein kurzes Wechsellied, das in trochäische Langverse (625—639) ausgeht, zuerst Octonare und Septenare wechselnd; den 9 letzten fehlen in der Ueberlieferung bis auf 1 Septenar die Schlüsse. Das Metrum ist sehr bunt: 4 troch. Octonare mit anapästischer, 2 anap. Dimeter mit jambischer Clausel; 2 bacch. Tetrameter, 2 mal —◡—◡—, 4 kretische Dimeter mit demselben Kolon; dann Zwischenworte des Pistoclerus (anapästischer Dimeter) und Wechsellied in 4 paroemiaci; endlich dieselben troch. Langverse mit denen die Monodie begonnen hat; also ohne die jamb. Clausel 4 verschiedene metrische Gattungen in 15 Versen, aber in Gruppen geordnet, nicht Verse verschiedener Gattungen in einander gemischt; die Folge ist *a b c d b a*. Chrysalus kommt hinzu und singt sein Lied (III) ehe er die beiden anredet, 640—670. Das Lied ist dreigetheilt: a) Chrysalus rühmt sich seiner Thaten — 648; b) er zeichnet sein Ideal des klugen Sklaven —661; c) er kommt auf den vorliegenden Fall, erblickt seinen Herrn und redet ihn an. Wie in anderen Fällen finden wir die allgemeine Betrachtung in der Mitte des Liedes; dieser Abschnitt ist auch durch mannigfaltigere und bewegtere Masse ausgezeichnet. a) beginnt jubelnd mit anap. Octonar und Septenar, führt erzählend fort mit troch. Octonar, überleitendem Doppelkolon —◡—◡—, 1 kret. Tetrameter; dann 2 mal das Doppelkolon und 2 kret. Tetrameter (oben S. 12); b) beginnt gleichfalls mit kretischem Tetrameter und führt in bunter Mischung kretische trochäische jambische cola fort, abschliessend 2 Reiziana (s. oben S. 19). c) geht weiter in Kretikern, führt über zu Jamben und schliesst mit anapästischem Dimeter und Reizianum. Als Ganzes ist das Lied in der Hauptsache kretisch, vermischt hauptsächlich mit Trochäen; Anapäste nur als Einleitung und Abschluss. Das bedeutet doch wohl einen ausgelassenen Tanzrhythmus.

925—995 grosse Monodie des Chrysalus (—978) mit kleinem Duett. Die Monodie besteht ganz aus Langversen, 1 aus jamb. Octonaren mit 2 troch. Septenaren (der drittletzte Vers ist unsicher) als Abschluss; dem Inhalt nach a) —931 Chrysalus vergleicht seinen Sieg mit dem der Atriden; b) —944 Prophezeiung von Trojas Untergang; c) Anwendung des Vergleichs auf die einzelnen Personen. Die trochäischen Verse bereiten den II. Abschnitt vor, der von den drei *fata* handelt; er beginnt und schliesst mit trochäischen Systemen (a) 16 und c) 14 metra, oben S. 30 sq., das zweite als System nicht ganz sicher), die in ihrer Mitte b) 8 jamb. Octonare haben; auf den fünften folgt 1 Octonar mit 3 troch. Septenaren, interpolirte Verse wie 937—940 und 973—977. Der Uebergang des Metrums zum schliessenden System findet mitten im Satze statt.

Ein jamb. Octonar verbindet die Monodie mit dem Duett (III), das oben S. 31 analysirt ist. Sie hat eine sich scharf heraushebende Mittelgruppe b) von jambischen und glyconeischen Versen, (oben S. 49), während a) ein grosses troch. System mit 2 Katalexen ist und c) als erste Hälfte ein ebensolches kleineres hat, worauf eine jamb. Gruppe besonderer Art mit Reizianum (S. 36) das Ganze abschliesst. Die Absicht der Composition liegt deutlich vor: III hat die grösste Aehnlichkeit mit II durch die Uebereinstimmung von III a c mit II a c; in dieser Umrahmung wird der Gegensatz von III b gegen II b um so fühlbarer.

Das Nachspiel 1076—1206 habe ich S. 27 im allgemeinen vorgeführt und die beiden einleitenden Lieder (I. II) und das schliessende Quartett (V), die alle durchweg aus anapästischen Systemen bestehen, eingehend besprochen. Das Duett der Alten (III), 1104—1116, beginnt mit 5 anap. Septenaren (Begrüssung) und schliesst mit 1 anap. Dimeter, die Hauptmasse (die gegenseitige Klage) ist kretisch: 7 Tetrameter, deren mittelster die Form Dimeter mit —⏖— hat. Das Duett der Hetären (IV), 1120—1140ᵃ, an dem sich die beiden Alten zu Anfang und Ende antwortend und anrufend, sonst mit einigen Zwischenversen betheiligen, besteht aus baccheischen Versen mit Beimischung des Reizianum (gleich 1120 Tetrameter mit diesem; dann 1121ᵃ. 1139. 1140ᵃ Monometer, 1127. 1128 Dimeter mit demselben) und des katal. jamb. Dimeters (1129 nach bacch. Dimeter wie es scheint) und eines versus Reizianus (1124), dessen Kolon ebenso wie die übrigen Reiziana als innere Senkung die Kürze hat; die übrigen Verse sind bacch. Tetrameter, nur gegen Ende ist ein katal. Dimeter (1137, oben S. 15) eingestreut. Das ganze Nachspiel hat also eine sehr einfache und durchsichtige Anlage: von anapästischen Partien eingefasst mit dem so häufigen Widerspiel dieser beiden Versarten ein vorwiegend kretisches und ein vorwiegend baccheisches Stück; die Anordnung a b c a. Nach der Scene der beiden Alten und vor dem Finale stehen eine kleinere und eine grössere Gruppe trochäischer Septenare, die also IV einfassen; offenbar als Ruhepunkt die eine nach die andere vor einer langen und anstrengenden Gesangleistung. Wenn man ferner beobachtet, wie in IV die beiden Alten nur mit wenigen Worten eingreifen, so wird man finden dass an die Sänger zwar grosse aber gleichmässig berechnete und ausgeglichene Forderungen gestellt werden.

2.

Eine Fülle verschiedenartiger Formen ist an uns vorübergezogen: ganz oder fast stichische Lieder, Lieder die in grossen stichischen Gruppen metrische Gegensätze in sich zeigen, polymetrische Lieder die entweder in Gruppen geordnet die einzelnen metra aufeinander folgen lassen oder bunt die verschiedenartigen Verse mischen; Erscheinungen deren jede schon aus den mitgetheilten Proben der jüngeren dramatischen Lyrik der Griechen zu belegen ist. Allen diesen Liedern ist ein Ordnungsprincip gemein, die Eintheilung in metrische Perioden die zugleich Perioden des Inhalts sind. Es ist das einzige Ordnungs-

princip das, für uns kenntlich, in allen Liedern herrscht. In vielen Fällen
erkennen wir eine berechnete Vertheilung und Parallelisirung der Versarten
und Perioden über das Lied hin oder einen beabsichtigten Gegensatz, wie besonders
baccheischer und kretischer Partien, in manchen Liedern und Scenen einen durch-
geführten symmetrischen Aufbau; gewiss bemerkenswerthe Momente, die weitere Untersuchung verdienen. Aber wenn man das Durchgehende und gleichmässig Wesentliche, das die Massen Zerlegende und Fügende zu fassen sucht,
so bietet sich nichts anderes als das Princip der Perioden, die zugleich metrische
und Inhaltsperioden sind; was diese belebte und zu organischen Theilen einer
künstlerischen Einheit machte war die musikalische Composition — et canere
nobis non licet haec cantica. Es ist aber dasselbe Ordnungsprincip, das auch
in der euripideischen und hellenistischen astrophischen Lyrik herrscht, und auch
hier als das einzige für uns kenntliche, und aus demselben Grunde. In diesem
Nachweise liegt also der sichere Beweis für die unmittelbare Fortsetzung der
in den euripideischen Monodien und dem Grenfellschen Liede für uns repräsen-
tirten jüngeren dramatischen Lyrik durch Plautus. Hinfort muss Plautus, wie
er es bisher für unsere litterarische Kenntniss von der *νέα κωμῳδία* gewesen ist,
auch für die dramatische Lyrik der hellenistischen Epoche als unsere Haupt-
quelle erscheinen.

Diese Untersuchungen müssen nach unten und nach oben fortgesetzt werden:
nach unten vor allem dadurch dass die Zusammenstellung, Verbindung, Ueberleitung der verschiedenen Versarten mit- und untereinander untersucht wird,
wofür die Grundlage auch erst durch entsprechende Untersuchung der griechischen metra (nicht durch Redensarten von rhythmischer Metabole und Epimixis
alloiometrischer Reihen) gewonnen werden muss. Ich enthalte mich diesmal, auf
diese Dinge einzugehen und das Material vorzulegen das ich bereit habe, da ich
diese Abhandlung nicht zu einem Buche werden lassen will. Nach oben muss
weitergegangen werden zur Untersuchung der Composition dieser Komödien,
wobei der Anfang wird sein müssen, die Theorie der 5 Akte [1]), die jeder rich-
tigen Erkenntniss im Wege ist, auf das Mass zu beschränken das ihr zukommt.
Ueber den Zusammenhang der cantica mit dieser Composition der Stücke selbst
will ich zum Schlusse ein paar Bemerkungen versuchen.

Wir haben gesehen, das Cistellaria Epidicus Persa Stichus mit einer Liedscene beginnen, während die erste Scene sämmtlicher übrigen Stücke (auch des

---

1) Plaut. Forsch. 205 ff. Ich hätte dort die Angabe bei Diomedes de poem. 491, 20 ver-
wenden sollen: *membra comoediarum sunt tria, diverbium canticum chorus. membra comoediae
diversa sunt, definito tamen numero continentur a quinque usque ad decem.* Hier ist *membrum
μέρος* in doppeltem Sinne angewandet, zuerst im aristotelischen, dann in dem seit Philon und
Aristophanes von Byzanz nachweisbaren *μέρος* actus. Die Worte (sie stehen in dem Anhang der
Abhandlung, in dem Sueton citirt wird) geben den Beweis, dass die von Varro für Terenz durchgeführte Theorie wenigstens für die griechische Komödie (bis v. 29 wird nicht von der römischen
sondern von der Komödie im allgemeinen gehandelt) auch später, also wahrscheinlich auch von
Varro nicht anerkannt war.

Terenz) in Senaren geschrieben ist, wäre es auch nur die Einleitungsrede nach dem 'Prolog' (Menaechmi, Truculentus) oder der 'Prolog' selbst (Amphitruo, Mercator). Dieser letzten Kategorie muss man, doch mit einer Einschränkung, den Epidicus zurechnen, der seinen 'Prolog' verloren hat (Plaut. Forsch. 179), mit der Einschränkung nämlich dass die 'Prologe' von Amphitruo und Mercator, als von handelnden Personen gesprochen, materiell zum Stücke gehören, der verlorene des Epidicus vom Stücke gelöst war: auf solche 'Prologe' aber folgt der Regel nach eine Senarscene oder -rede. Jene 4 Stücke haben also eine besondere Eingangsform, die gewiss nicht zufällig so geworden ist, sondern historischen Grund und ihr Vorbild in einer Form haben muss die im griechischen Drama lebendig war. Nun hat kein erhaltenes griechisches Drama nach Aischylos' Hiketiden und Persern lyrischen Anfang ausser dem Rhesos, der auch mit Chorgesang beginnt, und dem 'einzigen Stücke das, wie jene 4, ein lyrisches Zwiegespräch zu Anfang hat, der aulischen Iphigenie. Wieder ist es Euripides' letzte Periode, an deren Erzeugniss die besondere Erscheinung sich von selbst anknüpft. Die Frage ob man, da Persa und Stichus ins Spiel kommen (oben S. 102), hier die mittlere Komödie als Brücke zwischen Plautus und Euripides ansehen darf, will ich nur berühren.

Nicht an sich charakteristisch, verglichen mit den erhaltnen Dramen, ist der lyrische Schluss (Bacchides Casina Persa Pseudolus Stichus), der, abgesehen vom Auszugsliede, in Tragödie und Komödie häufig ist; selten nur bei Euripides, die meisten Fälle in der späteren Periode (Medea Troades Elektra Phoenissen Bakchen). Aber neben den plautinischen Komödien, die mit Gesangscenen beginnen, steht eine andere Gruppe, die das erste canticum unmittelbar nach der Eingangsscene, sei diese nun Dialog oder Monolog, und zwar vor dem Beginne der eigentlichen Handlung hat, also im πρόλογος: Amphitruo Curculio Menaechmi Mostellaria Poenulus Pseudolus Trinummus Truculentus; auch der Mercator gehört in diese Reihe, nur dass in ihm die Handlung gleich nach der Eingangsrede beginnt. Es ist also fast die Hälfte der Stücke, um die es sich handelt. Wenn wir uns nach der analogen Erscheinung, also nach lyrischen Partien im πρόλογος, im attischen Drama umsehen, so finden wir sie bei Aristophanes unter besonderen Bedingungen: Pac. 82 (Parodie) Av. 209 (Herbeirufung des Chors) Thesm. 101 und Ran. 209 (Parachoregeme); bei Aischylos nur im Prometheus, bei Sophokles nur in der Elektra. Unter den Tragikern ist es wieder Euripides, dem die Form eigen ist [1]), und zwar in der älteren Periode (Medea Hippolytos Hecabe, vgl. Andromacha) wie in der jüngeren (Io Elektra Phoenissen).

In einer anderen Gruppe beginnt die eigentliche Handlung mit einem canticum, sei es das erste des Stückes (Aulularia Captivi Casina Rudens Stichus, vgl. Mercator) oder das zweite (Cistellaria Mostellaria Stichus). Das ist die Stelle an die wenigstens bei Euripides der Regel nach die πάροδος des Chors

---

1) v. Arnim de prol. Eurip. arte p. 99.

gehört. Entsprechend finden sich sehr häufig die cantica an den Stellen der στάσιμα, d. h. unmittelbar nach den Aktschlüssen, zwar nicht als Zwischenakt, aber, wie wir sagen dürfen, an die Zwischenaktmusik (Pseud. 573) anschliessend als Beginn eines neuen Theiles der Handlung. Im Amphitruo beginnt das zweite canticum (Duett, 551) den zweiten Akt, das vierte (1053) den letzten, das dritte (633) steht als richtige Monodie in der Mitte der grossen Scene. Die erste und dritte Monodie Hegios (Capt. 498. 922) leitet neue Akte ein, die zweite (781) kommt in die begonnene Scene hinein. Im Epidicus leitet das zweite canticum (166) den zweiten, das dritte (320) den dritten Akt ein, in der oben berührten parallelen Anordnung, das vierte (526) tritt auf der Höhe der Handlung mit dem Auftreten der entscheidenden Person während des Aktes ein; ähnlich im Pseudolus die drei inneren cantica (574. 905. 1103). Das letzte canticum der Mostellaria (858) eröffnet die Katastrophe, wie das letzte in Poenulus (1174) und Trinummus (1115; das vorletzte, 820, Aktanfang), wie Aul. 713 Bacch. 925 Rud. 906 sei es die Katastrophe sei es den zweiten Haupttheil der Handlung einleiten. Im Truculentus steht die Monodie der Phronesium (448) im Eingange des Aktes, dessen Höhe dann das grosse canticum v. 551 bildet; auch das letzte steht in der Mitte des Aktes, wie unter verschiedenen Bedingungen und mit verschiedener Wirkung Most 690 Aul. 406 Bacch. 612 Rud. 664 Cist. 671, das letzte eine Monodie. Bemerkenswerth ist dass die 5 Monodien der Menaechmi sämmtlich mitten in den Akt gelegt sind.

Es scheint dass der Chor, der für die Kunstform der Komödie noch als er zu existiren aufgehört hatte bestimmend gewesen ist, auch auf das Verhältniss der cantica zur allgemeinen Composition der plautinischen Komödien Einfluss geübt hat. Hier fehlen die Mittelglieder; aber die Analyse der Stücke kann vielleicht den Weg zu ihrer Ergänzung öffnen.

Inhalt.